# Contre le colonialisme

Collection dirigée par Lidia Breda

Du même auteur
chez le même éditeur

*La Personne et le Sacré*
*Amitié. L'art de bien aimer*
*Écrits sur l'Allemagne. 1932-1933*
L'Iliade *ou le poème de la force et autres essais sur la guerre*

Simone Weil

# Contre le colonialisme

Préface de Valérie Gérard

Rivages poche
Petite Bibliothèque

Retrouvez l'ensemble des parutions
des Éditions Payot & Rivages sur

payot-rivages.fr

# Préface

> « Avec tout cela nous ne pouvons plus dire ni penser que nous ayons reçu d'en haut la mission d'apprendre à vivre à l'univers. »

Simone Weil a été sensible à l'horreur de la colonisation au point que, lorsque, dégoûtée par tous les mouvements syndicaux et politiques dans lesquels elle s'était impliquée, elle a décidé de « se retirer entièrement de toute espèce de politique », elle a cependant précisé qu'elle ne se préoccuperait plus que de lutte contre la guerre et de lutte anticoloniale[1]. La colonisation n'est pas une affaire purement politique, c'est la possibilité d'une vie spirituelle, intellectuelle, morale, qui est en jeu.

Elle a été sensible à l'horreur de la colonisation au point qu'elle en a fait un paradigme pour penser la politique dans son ensemble, et pour

1. Voir Simone Pétrement, *La Vie de Simone Weil*, Paris, Fayard, 1973, p. 291.

esquisser sa critique de la civilisation. Son livre posthume, *L'Enracinement*, tente de proposer des réponses au problème – au désastre plutôt – du déracinement provoqué par les pratiques coloniales des nations européennes, dans les territoires conquis comme sur leur propre territoire. La colonisation est extérieure et intérieure – intérieure, aussi, aux esprits, aliénés, coupés des milieux et des circulations dans lesquelles ils pourraient puiser une vie propre. « Une certaine intensité de vie morale qui est toujours liée à la liberté » s'y est, peut-être irrémédiablement, perdue.

Deux séries de textes sont les témoins de cette sensibilité.

Une première dénonce le sort injuste et cruel que fait la France, et en particulier la France du Front populaire, aux populations coloniales sur son territoire. Simone Weil y exprime son espoir de voir les colonisés se soulever : « J'appelle de tous mes vœux le jour [...] où les populations indigènes des colonies françaises auront enfin l'équivalent de ce qu'ont été, pour les ouvriers français, les journées de juin 1936. »

Une seconde série de textes relève d'une pensée des civilisations, elle-même inscrite dans la conjoncture de la guerre à venir (« Les nouvelles données du problème colonial dans l'Empire français », décembre 1938) ou présente (« À propos de la question coloniale dans ses rapports avec le destin du peuple français », 1943). La perspective change du tout au tout. La situation fait de la résistance à l'Allemagne nazie la première nécessité ; Simone Weil s'adresse au gouvernement, ou à la France libre. Il s'agit de savoir ce qui peut rendre la France capable de résister à la conquête nazie, et surtout ce qui peut inspirer cette résistance et lui donner un sens. Cette question est inséparable de celle de la colonisation, d'abord parce que le paradigme colonial permet de comprendre ce qui se joue dans cette guerre : « L'hitlérisme consiste dans l'application par l'Allemagne au continent européen, et plus généralement aux pays de race blanche, des méthodes de la conquête et de la domination coloniales. »

Tournés vers la résistance contre l'Allemagne, les derniers textes ont quelque chose de moins radical que les premiers. On peut trouver le terrain des civilisations, et de leur comparaison, parfois glissant. Il faut cependant faire la part de l'époque, du contexte ; il faut comprendre ce qu'impliquent, aux yeux de Simone Weil, ses comparaisons de civilisations (elle ne pense pas que l'histoire soit allée dans le sens du progrès) ; il faut revenir aux constats qui, même dans ces textes, restent implacables : « Il ne serait pas difficile de trouver une colonie appartenant à un État démocratique où la contrainte soit, à bien des égards, pire que dans le pire État totalitaire d'Europe. »

*Un « J'accuse » anticolonial*

« J'accuse l'État français et les gouvernements successifs qui l'ont représenté jusqu'à ce jour, y compris les deux gouvernements de Front populaire [...], j'accuse une grande partie des colons et des fonctionnaires français [...]. Tous ceux à qui il est arrivé de traiter un Arabe avec mépris ; ceux qui font verser le sang arabe par la police, ceux qui ont opéré et opèrent l'expropriation progressive des cultivateurs indigènes, ceux qui, colons, industriels, traitent leurs ouvriers comme des bêtes de somme, ceux qui, fonctionnaires, acceptent, réclament qu'on leur verse pour le même travail un tiers de plus qu'à leurs collègues arabes ; voilà quels sont ceux qui sèment en territoire africain la haine de la France. »

« Le langage des indigènes même les plus révoltés est un document moins accablant pour la colonisation que celui de beaucoup de coloniaux. »

—

Simone Weil raconte plusieurs fois qu'elle a pris conscience de ce qu'était la colonisation en 1930, en lisant une série d'articles sur la répression brutale par les autorités françaises d'un soulèvement en Indochine. À partir de ce moment, elle a eu « honte de [s]on pays ». « Depuis ce jour, je ne peux pas rencontrer un Indochinois, un Algérien, un Marocain, sans avoir envie de lui demander pardon. »

Mais la douleur a pris une autre dimension, est devenue douleur de la contradiction, lorsque les persécutions infligées aux populations colonisées, ou aux travailleurs venant des colonies, sont venues de son propre camp, lorsqu'elle a vu, aussi, ses camarades indifférents à ces pratiques. Elle est devenue honte « des démocrates français, des socialistes français, de la classe ouvrière française », des organisations antifascistes. Honte de « nous », « et quand je dis "nous", j'entends tous ceux qui adhèrent à une organisation du Rassemblement populaire » : « Nous aussi, Français "de gauche", nous continuons à faire peser sur les indigènes des colonies la même contrainte impitoyable. [...] Que chacun de nous se regarde dans la glace, il verra l'un des responsables. »

Une fois de plus, dans son parcours politique et militant, elle constatait que la contradiction entre des idéaux émancipateurs et des pratiques de domination, de discrimination, de violence, vide de leur sens des mouvements, des combats, des organisations. Ce constat l'éloignait encore de ses milieux de lutte et de la politique.

Simone Weil est sensible au fait que la colonisation se rejoue en France métropolitaine, et d'abord dans les usines, où les ouvriers algériens sont dépourvus de tout droit, pouvant être renvoyés chez eux arbitrairement, dans l'indifférence des ouvriers blancs. Mais ce qui la conduit à intervenir publiquement sur la question, c'est la répression exercée par le Front populaire contre l'Étoile nord-africaine, une association de travailleurs algériens, initialement communiste, qui exigeait, depuis 1927, l'abolition du « code de l'indigénat, cet ensemble de contraintes à côté de quoi les régimes totalitaires apparaissent, par comparaison, presque libéraux », et l'indépendance de l'Algérie. L'Étoile avait soutenu les revendications des ouvriers en grève et conduit ses membres à participer aux occupations des usines en juin 1936. En 1937, le Front populaire dissout son alliée de la veille et fait incarcérer ses dirigeants pour « reconstitution de ligue dissoute », alors même que l'Étoile n'a pas, souligne Simone Weil, le caractère paramilitaire des ligues qui justifierait leur répression : « C'est à vrai dire une pure et simple interdiction de s'organiser, et sous peine de prison, qui a été portée contre eux sans aucune explication. »

Simone Weil constate donc la clémence envers l'extrême droite[1] d'une « gauche » à laquelle elle tient à mettre des guillemets, qu'elle oppose à la répression impitoyable que cette « gauche » met en œuvre contre le mouvement anticolonial, pour les besoins de laquelle des mesures supposément antifascistes sont détournées. L'acte d'accusation

1. « Il est vrai qu'en y réfléchissant bien, il y a quelque chose comme une action judiciaire intentée contre les ligues fascistes ; mais elle ressemble singulièrement à une inaction judiciaire. »

de cette « gauche » se conclut en généalogie (déjà...) des pratiques coloniales des partis de gauche et en particulier du parti socialiste. « Je ne terminerai pas en disant qu'il est scandaleux de voir une telle politique menée par un gouvernement de Front populaire. Non. Pourquoi feindre de croire à une fiction qu'on connaît pour telle ? »

Ce qui est insupportable, pour Simone Weil, c'est que des gens « de gauche » ne soient pas « plus préoccupés de l'esclavage colonial que des traitements des fonctionnaires » ; c'est que des gens qui ont fait grève, occupé des usines, et justifié cet emploi de la force contre l'oppression, qui comprenaient, alors, que ce ne sont pas les « agitateurs » et les « meneurs » qu'il faut accuser d'exciter des troubles, mais ceux qui les oppriment, dès lors que c'est « de l'Afrique du Nord qu'il s'agit », « ces mêmes hommes ne comprennent plus ». C'est ce tri fait parmi les opprimés, parmi les morts (l'indifférence à la mort des travailleurs épuisés dans les mines des colonies par exemple[1]), qui vide de son sens un mouvement incapable de regarder en face ses propres pratiques de domination et de ségrégation, et dont l'ambition émancipatrice n'est plus qu'un mensonge orgueilleux, aveugle ou cynique, voire le motif d'une prétention pleine

1. « [...] des morts pareilles, cela ne compte pas. Ce ne sont pas de vraies morts. »

de bonne conscience à l'hégémonie : « On croirait vraiment, à entendre la plupart de nos camarades, que le Front populaire possède un droit absolu, un droit divin au soutien, à la fidélité des opprimés, y compris ceux qu'il foule aux pieds. »

Le Front populaire rejoue donc les contradictions de la colonisation française, qui, contrairement à la colonisation anglaise qui n'affichait pas d'autre but que commercial, prétend civiliser, transporter les principes de 1789, tout en les piétinant par ses manières (de deux choses l'une, écrit Simone Weil : soit, prônés par les conquérants ennemis, ces principes paraissent étrangers et sont rejetés, soit ils paraissent désirables mais la révolte n'en est que plus grande de s'en voir privé par ceux qui les affirment). Contradiction entre « un pays qui se réclame d'un idéal de liberté et d'humanité » et l'indifférence ou le soutien aux « injustices effrayantes imposées aux colonies ».

La position de Simone Weil est claire et une de ses conclusions sans appel : « Quand je songe à une guerre éventuelle, il se mêle, je l'avoue, à l'effroi et à l'horreur que me cause une pareille perspective, une pensée quelque peu réconfortante. C'est qu'une guerre européenne pourrait servir de signal à la grande revanche des peuples coloniaux pour punir notre insouciance, notre indifférence et notre cruauté. »

Ceci devrait suffire à indiquer à quel point Simone Weil n'avait rien à faire dans la bibliographie fournie par le ministère de l'Identité nationale, en 2009, pour orienter le sinistre débat du même nom. Il avait dû échapper aux promoteurs du débat à quel point, en particulier, *L'Enracinement* est un des premiers livres où la colonisation en général et l'impérialisme français en particulier sont si violemment dénoncés, comme le sont l'orgueil national, l'esprit de conquête ou l'enfermement dans une culture.

## *« Il faut arrêter le déracinement » – le paradigme colonial*

> « Il faut arrêter le déracinement terrible que produisent toujours les méthodes coloniales des Européens. »
>
> *L'Enracinement*

Dans les deux derniers textes, Simone Weil quitte le registre de la seule accusation pour un registre plus tactique, et donc, *en apparence*, plus « réformiste », à un moment où la guerre impose de se confronter de nouveau aux contradictions inéluctables de la politique. Plus modéré d'un strict point de vue politique, mais sans doute plus révolutionnaire d'un point de vue existentiel et civilisationnel.

Fin 1938, dans « Les nouvelles données du problème colonial dans l'Empire français », elle ne s'adresse plus à l'esprit de justice, mais à l'intérêt de ceux qui veulent que la France puisse être en état de résister à l'Allemagne. Elle maîtrise son Thucydide[1] et sait que les considérations de droit sont sans poids, auprès des dominants, si on n'y ajoute pas des considérations de force, que « l'opinion d'un pays, sans aucune distinction de classe sociale, est beaucoup plus sensible à ce qui menace sa sécurité qu'à ce qui offense la justice ». Accorder un statut de citoyen aux sujets coloniaux serait heureux d'un point de vue humain, qui est le sien, précise-t-elle, et elle y voit un jalon « vers une émancipation complète », mais elle s'adresse à ce que sont prêts à entendre ceux qui ont le pouvoir et montre en quoi une telle mesure est dans l'« intérêt de la France », nécessaire pour se faire des alliés dans le combat.

Elle a cependant conscience qu'« il est peut-être trop tard ». La France s'est montrée trop injuste, trop méprisante envers les colonies. Mais elle cherche. Elle cherche les formes d'ententes qui pourraient, ou auraient pu, être. Des mots nous heurtent. « Assimilation » par exemple. Mais il suffit de voir ce que Simone Weil écrit de la circulation des cultures, de ce qu'apporte, pour l'intensité de la vie morale, la coexistence

1. Voir Simone Weil, « Luttons-nous pour la justice ? » (1943), in *Œuvres complètes*, t. V, vol. 2 : *Écrits de Londres et de New York*, Robert Chenavier, Patrice Rolland et Marie-Noëlle Chenavier-Jullien (dir.), Paris, Gallimard, 2013.

des « formes de vie », pour comprendre qu'elle ne parle pas de conversion à des modes de vie hégémoniques. L'homogénéisation est toujours le résultat d'un impérialisme déracinant.

La colonisation n'est pas une coexistence. C'est le contraire de la rencontre des cultures. C'est une séparation : « La colonisation, loin d'être l'occasion de contacts avec des civilisations orientales, empêche de tels contacts. [...] Le milieu humain est constitué par les Blancs. Les indigènes font partie du décor. » C'est une guerre : « Si la population de la colonie a le sentiment que le vainqueur compte prolonger indéfiniment le rapport de conquérant à conquis, il s'établit une paix qui diffère de la guerre uniquement par le fait que l'un des camps est privé d'armes. C'est vers une telle situation que tend automatiquement, par une sorte d'inertie, toute colonisation. » C'est la pire des conquêtes : s'« il y a déracinement » « toutes les fois qu'il y a conquête militaire[1] », Simone Weil hiérarchise : il y a les conquêtes d'où résulte un métissage, celles où le conquérant reste étranger au territoire sur lequel il se comporte en propriétaire, celles qui sont accompagnées de déportations massives (elle mentionne l'Allemagne), et enfin celles qui suppriment brutalement toutes les traditions locales (elle mentionne ce qu'a fait la France en Océanie). Lors des

1. Simone Weil, *L'Enracinement* (1949), Paris, Gallimard, coll. « Folio », 1990, p. 62-63.

conquêtes coloniales, écrit-elle, les populations conquises sont traitées comme ennemies, comme esclaves, comme choses qui n'existent pas, elles sont déportées et exterminées massivement ; leur soumission ne les protège ni de l'humiliation, ni de la torture, ni de l'extermination. Elles ne perdent pas simplement leur autonomie et la maîtrise d'un territoire, elles sont soumises à une « décomposition morale qui non seulement brise d'avance tout espoir de résistance effective, mais rompt brutalement et définitivement la continuité de la vie spirituelle, lui substituant une mauvaise imitation de médiocres vainqueurs[1] ».

Mais toute nation est le produit d'une conquête. Elle existe dès lors qu'elle s'est substituée à de multiples collectivités géographiques, alors détruites. C'est à partir de là qu'il faut comprendre le scepticisme de Simone Weil sur l'aspiration à l'indépendance nationale des colonies. Il faut mettre ce doute en regard, aussi, de la critique qu'elle fait d'une résistance de la France contre l'Allemagne qui ne serait motivée que par le nationalisme. « Il n'y a que trop de nations dans le monde. » Et toute nation est coloniale. Par rapport à la colonisation, l'indépendance nationale serait un bien, si ce n'est que la logique

1. Simone Weil, « Réflexions sur la barbarie » (1939), in *Œuvres complètes*, t. II, vol. 3 : *Écrits historiques et politiques*, Florence de Lussy, André Devaux et Robert Chenavier (dir.), 1989, Paris, Gallimard, p. 224.

nationale risque de reprendre le dessus et de produire une soumission totale à l'État.

Simone Weil recherche, donc, ce qui peut rendre la France capable de résister à l'Allemagne, et ce qui peut rendre cette résistance sensée. Le problème est celui de « l'inspiration du peuple français en France, dans sa résistance actuelle et dans sa construction future », problème inséparable de la question de la colonisation, souligne-t-elle.

En 1943, Simone Weil lit l'entreprise allemande comme une entreprise coloniale : « Le mal que l'Allemagne aurait fait à l'Europe si l'Angleterre n'avait pas empêché la victoire allemande, c'est le mal que fait la colonisation, c'est le déracinement. » À partir de là, vaincre l'Allemagne tout en propageant le déracinement (comme le fera l'impérialisme américain, comme l'a fait, depuis des siècles, la France, pense-t-elle) n'aurait pas de sens. Si les Français se battent contre l'Allemagne nazie motivés par des considérations de prestige national, alors le combat ne relève que d'une concurrence entre d'analogues aspirations à la domination coloniale.

Pour Simone Weil, l'ennemi, ce n'est pas la nation étrangère, ce n'est pas tel tyran : c'est un esprit, ce sont des méthodes, qu'il faut combattre autant en soi qu'en celui qu'on combat.

Dans la mesure où « un même esprit s'exprime dans les relations d'un peuple avec ceux qui l'ont maîtrisé par la force, dans les relations d'un peuple avec lui-même, et dans ses relations avec ceux qui dépendent de lui », le combat ne peut avoir de sens que s'il est motivé par une « horreur non de la personne ou de la nationalité, mais de l'esprit, des méthodes, des ambitions de l'ennemi » – s'il est véritablement décolonial.

Pour inspirer un esprit de résistance qui ne puise pas son énergie dans ce qu'il prétend combattre – le nationalisme, l'esprit de domination –, il semble à Simone Weil nécessaire d'entamer un processus de décolonisation : « Nous pourrions ainsi persuader non seulement aux autres, mais à nous-mêmes, que nous sommes vraiment inspirés par un idéal. »

C'est donc le paradigme colonial qui permet de penser que l'enjeu de la guerre n'est pas strictement militaire, mais spirituel, et de concevoir une manière appropriée de résister au nazisme, dans un esprit qui serait vraiment de résistance à toute domination, et non de concurrence pour la domination.

« Il faut arrêter le déracinement », sous toutes ses formes, d'où qu'il vienne. Cela suppose des réformes intérieures. D'une part, une transformation du rapport à soi et au monde de chacun : « Si la liberté doit périr lentement dans les âmes avant même d'être politiquement anéantie, la défense nationale perd tout objet réel ; car ce n'est pas un mot ou une tache sur la carte dont la défense peut valoir des sacrifices, mais un certain esprit lié à un milieu humain déterminé. »

D'autre part, une transformation des structures sociales et des institutions françaises. Simone Weil a en tête, notamment, le système social de production[1], l'instruction, le rapport à l'argent, les structures nationales.

Donner un sens à défendre la France contre l'Allemagne implique aussi de trouver quelque chose d'important que la France rende possible. C'est, pour Simone Weil, l'accès à l'esprit grec, à l'esprit cathare, à l'esprit de 1789. C'est ce qui l'autorise à soutenir, contre les faits : « On ne peut pas dire que la colonisation fasse partie de la tradition française. » Argument *ad hominem*, pour ceux qui tiennent à se battre pour la France ; plus profondément, il s'agit de circonscrire, dans tout ce que signifie « France », ce qu'il reste à préserver contre le déracinement.

Pour comprendre comment Simone Weil peut concilier son antinationalisme, sa critique de tous les maux commis par l'État français, et sa recherche de ce qu'il y a à sauver en France, il faut comprendre la menace que fait peser l'invasion nazie : « En privant les peuples de leur tradition,

---

1. « Au cours des dernières années on a bien senti qu'en fait les ouvriers d'usine sont en quelque sorte déracinés, exilés sur la terre de leur propre pays » (Simone Weil, « Expérience de la vie d'usine », in *La Condition ouvrière* [1951], Paris, Gallimard, coll. « Folio », 2002).

de leur passé, par suite de leur âme, la colonisation les réduit à l'état de matière humaine. » Les pays conquis sont privés de leur passé, et « la perte du passé, c'est la chute dans la servitude coloniale ».

Simone Weil, qui a toujours critiqué, dans une tradition anarchiste, les collectivités, comme sources d'oppression et de guerres, reconnaît qu'elles sont aussi les conditions de la transmission de la pensée. Elle mentionne souvent la catastrophe spirituelle que fut la destruction de l'Occitanie au XIIIe siècle, preuve que la force peut détruire la pensée. Néanmoins, quelque chose de ce passé a été transmis. C'est cette possibilité de transmission qui est menacée et qui est à sauver. « L'esprit de la civilisation d'Oc au XIIe siècle, tel que nous pouvons l'entrevoir, répond à des aspirations qui n'ont pas disparu et que nous ne devons pas laisser disparaître[1]. »

C'est pourquoi Simone Weil soutient que l'enracinement est « peut-être le besoin le plus important et le plus méconnu de l'âme humaine[2] ». Nulle naturalisation d'un rapport à la terre ici. Simone Weil parle d'un besoin de

1. Simone Weil, « L'agonie d'une civilisation vue à travers un poème épique » (1943), in *L'*Iliade *ou le poème de la force, et autres essais sur la guerre*, Paris, Rivages, coll. « Petite Bibliothèque », 2014, p. 138.

2. Simone Weil, *L'Enracinement*, *op. cit.*, p. 61.

participer réellement, activement, à l'existence de collectivités qui conservent vivantes des traditions passées et ouvrent vers l'avenir, parce que l'homme reçoit « la presque totalité de sa vie morale, intellectuelle, spirituelle, par l'intermédiaire des milieux dont il fait naturellement partie[1] ». Le pur fait contingent des appartenances géographiques et sociales conditionne l'accès à la pensée. En conséquence, lorsque ces conditions sont menacées, il devient nécessaire de défendre un pays par ailleurs oppresseur et injuste. La contradiction de Simone Weil est celle de la condition humaine : un enracinement dans une collectivité contingente et imparfaite est la condition d'une vie morale, intellectuelle, spirituelle.

Il faut ajouter que l'enracinement suppose, aux yeux de Simone Weil, de multiples racines et des circulations entre les milieux (rien à voir avec un confinement dans un milieu fermé et autarcique). C'est pourquoi elle tient à la coexistence des différences, et rêve de mixité et de métissage, pour ce que différentes « formes de vie » pourraient s'apporter les unes aux autres, pour que toutes restent vivantes. Le modèle occitan, tolérant, l'oriente encore : « Le pays d'Oc, au XIIe siècle, était éloigné de toute lutte d'idées. Les idées ne s'y heurtaient pas, elles y circulaient dans un milieu en quelque sorte continu. Telle

1. *Ibid.*

est l'atmosphère qui convient à l'intelligence. Les idées ne sont pas faites pour lutter[1]. »

Évidemment, l'impérialisme, la colonisation, la conversion sont le contraire de la circulation des idées que Simone Weil appelle de ses vœux. « Le mode de propagation des influences » compte : la conquête, la conversion détruisent ce que des idéaux, des modes d'existence peuvent avoir de bon. « La distance exagérée entre la théorie et la pratique » ruine le message. Comme elle l'écrit depuis qu'elle réfléchit sur les révolutions et sur la guerre : en politique, seuls les moyens sont réels et ont des effets dans le monde, et souvent ils font perdre les fins. C'est ainsi que le temporel détruit le spirituel.

(Quant à ce que la France a pu apporter aux colonies ? Par exemple, en 1906, « des dizaines d'instructeurs pour la police indigène ».)

### *Le refus du pouvoir en ses contradictions*

Une lecture rapide de la fin d'« À propos de la question coloniale » peut dérouter. Simone Weil formule l'espérance que la France redevienne une grande nation. Qu'elle retrouve un « rayonnement spirituel », une « aptitude [...] à ouvrir des

1. Simone Weil, « L'agonie d'une civilisation... », art. cit., p. 122-123.

routes au genre humain », à « penser le destin du monde ».

Elle prend quelques précautions, tout de même. Elle ne le sera pas, ne le fera pas « de droit divin ». Penser le destin du monde, ce n'est « pas en décider, car elle n'a aucune autorité pour cela ».

Mais l'air semble trop connu.

On peut dire que Simone Weil indique, encore, les contradictions.

Le pouvoir est le lieu des rapports de force, un milieu où la pensée n'a pas de place, mais seule la force peut s'opposer aux forces qui détruisent la pensée, au risque de la perdre en route.

Les cathares se sont laissé massacrer. Leur spiritualité a été détruite. Il est nécessaire d'entrer dans les rapports de force si on veut sauver des formes de vie désirables. Au risque de s'y perdre.

Cette contradiction est insoluble. Simone Weil l'assume.

Si l'esprit est menacé, « jusqu'à nouvel ordre, les principes n'ont plus cours[1] ».

Mais ce n'est pas seulement cela. Elle cherche à concilier les contradictoires. Les moyens s'opposent aux fins ? Elle cherche des moyens dans lesquels les fins soient incarnées. Des formes de lutte qui déjà incarnent, révèlent, répandent, l'esprit pour lequel et par lequel on se bat.

---

1. Simone Weil, « Réflexions en vue d'un bilan », (printemps-été 1939), *Œuvres complètes*, t. II, vol. 3, *op. cit.*, p. 113.

« La foi est plus réaliste que la politique réaliste. Il faut donc examiner et peser d'extrêmement près, en faisant chaque fois le tour du problème, chacun des modes d'action qui constituent la résistance illégale en France. [...] Il n'est pas exclu non plus qu'il puisse y avoir lieu d'inventer des formes d'action nouvelles, en tenant compte à la fois de ces considérations et des buts immédiats (par exemple, nouer tout de suite une vaste conspiration pour la *destruction des documents officiels* relatifs au contrôle des individus par l'État, destruction qui peut être opérée par des procédés très variés, incendies, etc. Cela aurait des avantages immédiats et lointains immenses)[1]. »

Décoloniser pour trouver de nouveaux alliés tout en (se) prouvant qu'on n'est pas mobilisé par un désir de domination : c'est aussi une manière d'incarner des fins dans les moyens.

Mais des contradictions demeurent.

Comment faire de la place à des formes de vie sans vocation à l'hégémonie lorsqu'une puissance impérialiste travaille à les éliminer ?

Le problème se pose à l'échelle de la France comme à l'échelle internationale. Simone Weil cherche une « méthode pour insuffler une inspiration à un peuple[2] », qu'elle tient à distinguer

---

1. Simone Weil, *L'Enracinement*, *op. cit.*, p. 269-270, elle souligne.

2. *Ibid.*, p. 237.

de la contrainte exercée par la propagande sur les esprits. Il faudrait influencer les esprits sans les contraindre, en laissant les idées circuler. Contradiction ? Ou bien : remplacer la conversion par l'attraction.

De même à l'échelle internationale. Si Simone Weil espère que la France exerce une influence, elle pense que cela ne peut se faire qu'en propageant le refus de la domination, de la force, du pouvoir, de la colonisation. Le « rayonnement spirituel » ne saurait avoir quoi que ce soit à voir avec la propagation idéologique de la foi laïque, du christianisme, de l'esprit de 1789, qu'elle critique si durement. Il ne peut s'agir « d'apprendre à vivre à l'univers ». Avoir de l'influence en pensant le destin du monde, cela doit signifier alors le penser en acceptant de n'en être pas le centre, accepter son propre effacement dans une autre forme de coexistence. Ce serait exercer de l'influence sans avoir d'autorité, parce que l'esprit diffusé serait libérateur, œuvrer à une plus grande justice, sans ambition.

S'il s'agit d'allier les contradictoires, l'influence et le souci de la coexistence, alors, en effet, « la première condition, c'est de se garder absolument de rien cristalliser d'avance en aucun domaine ». Ouvrir une voie, faire circuler des aspirations, laisser faire et laisser être les autres. Procéder non par conversion, mais par attraction.

Quand elle parle de cette influence qu'elle souhaiterait que la France exerce, il faut sans doute, pour le comprendre, revenir à la manière, ouverte, dont l'Occitanie permit à l'esprit cathare de s'incarner et de se diffuser.

Jusqu'à l'extermination.

Peut-être Simone Weil est-elle, ici, en pleine confusion, entre un registre politique et un registre existentiel et mystique. Mais seul ce dernier permet de comprendre ce qu'il se passe vraiment en politique, ce que font la guerre, la domination, la colonisation. C'est pourquoi sans doute « la foi est plus réaliste que la politique réaliste ».

Valérie GÉRARD

# Contre le colonialisme

# I

# « Ces membres palpitants de la patrie[1] »

Il y a quelques semaines, un article paru dans notre grande presse d'information, se réclamant pour une fois de Jaurès, et voulant écraser d'un coup tous les raisonnements possibles en faveur des revendications allemandes, appelait les colonies « ces membres palpitants de la patrie ». On ne peut refuser à cette expression un singulier bonheur, une grande valeur d'actualité. Palpitants, oui. Sous la faim, les coups, les menaces, les peines d'emprisonnement ou de déportation ; devant l'aspect redoutable des mitrailleuses ou des avions de bombardement. Une population domptée, désarmée serait palpitante à moins.

Si les colonies sont palpitantes, la mère patrie ne palpite guère avec elles. La tragédie de l'Afrique du Nord se poursuit au milieu d'une

1. *Vigilance,* n° 63, 10 mars 1938.

indifférence presque complète. *Le Populaire* du moins avait publié, sur le Maroc, une série émouvante d'articles de Magdeleine Paz. Les autres journaux, ou bien ne se sont pas aperçus qu'il y a une crise nord-africaine, ou bien y ont vu exclusivement une crise de l'autorité française.

En vérité, il semble que les Français aient été bien plus remués par les événements de Chine[1] que par les événements d'Afrique du Nord. Sans doute en Chine, on tue beaucoup plus de gens, on y tue même des enfants – à ce propos, comment vivront donc les enfants de ceux qui sont tombés récemment sous les balles françaises au Maroc ? Mais enfin, ce qui se passe en Chine, nous n'y pouvons pas grand-chose ; et il n'est pas sûr qu'une action dans ce domaine ne mettrait pas le feu à l'Europe et au monde. Tandis qu'en Afrique du Nord on pourrait être un peu humain, on pourrait préserver des vies d'enfants – car les enfants ne meurent pas seulement sous les bombes d'avions, la faim les tue très bien – sans courir des risques si effroyables. Il suffirait de le vouloir.

En voyant aujourd'hui tant de bons bourgeois, d'un impérialisme naïf, s'émouvoir pour la Chine, exécrer les Japonais, on se demande

1. Simone Weil fait référence au massacre de Nankin où, entre décembre 1937 et février 1938, les troupes japonaises massacrèrent et violèrent plus de 200 000 personnes. *(N.d.É.)*

malgré soi si les sympathies qu'excite en France la Chine ne sont pas du même ordre que celles éprouvées par les riches en faveur des « bons pauvres », des pauvres qui « savent rester à leur place ». La Chine, jusqu'ici, a su rester à sa place, sa place de peuple inférieur, humblement respectueux des Blancs. Les Japonais sont des Jaunes intolérablement présomptueux : ils veulent civiliser en massacrant – ils veulent faire comme les Blancs ! Quant aux Nord-Africains, quelques-uns d'entre eux – de simples « meneurs », heureusement – sont peut-être encore pires : ils ne veulent pas être massacrés, ni même brimés et humiliés. Prétention d'autant plus exorbitante que, le jour où la France, en la personne de son gouvernement ou d'un ambassadeur, aura subi une humiliation, on les autorisera à tuer et à mourir pour venger cette humiliation. Que leur faut-il de plus, en fait de dignité ?

*

Parmi tous les événements qui se sont passés récemment en Afrique du Nord, le plus caractéristique peut-être, bien qu'il y en ait eu de plus tragiques, est l'histoire de l'Étoile nord-africaine.

L'Étoile nord-africaine fut autrefois tenue sur les fonts de baptême par le Parti communiste premier style. Au bout d'un certain temps, elle a su conquérir son indépendance d'organisation adulte ; c'est ce qui lui a permis, ces dernières années, de ne pas se retourner contre les revendications vitales des peuples colonisés. Elle est composée exclusivement de Nord-Africains, ou plus exactement d'Algériens, et exclusivement de travailleurs, au sens le moins large du terme ; elle ne compte dans ses rangs ni un Blanc, ni un intellectuel. Son influence, sans être insignifiante en Algérie, s'exerce surtout en France, où elle a su grouper la très grande majorité des travailleurs algériens.

La plupart des Français ignorent dans quelles conditions vivent et ont vécu, surtout avant juin 1936, les ouvriers algériens qui travaillent chez nous. Privés de la plupart des droits dont jouissent leurs camarades français, toujours passibles d'un renvoi brutal dans leur pays d'origine qu'ils ont quitté chassés par la faim, voués aux tâches les plus malpropres et les plus épuisantes, misérablement payés, traités avec mépris même par ceux de leurs compagnons de travail qui ont une peau d'autre couleur, il est difficile d'imaginer plus complète humiliation. L'Étoile nord-africaine a su donner à ces hommes une dignité, un but, une organisation à eux, un idéal à eux ; cet idéal ne les rattachait pas seulement à l'ensemble du monde musulman, il les rattachait d'une manière bien plus étroite à l'ensemble de leurs frères de classe, y compris ceux qui méconnaissaient cette fraternité en les traitant en inférieurs. C'est grâce à l'Étoile nord-africaine que les patrons n'ont pas trouvé en eux une masse de jeunes manœuvrables à merci ; c'est grâce à elle, notamment, qu'ils ont participé à l'occupation des usines en juin 1936, assurant ainsi la victoire, au lieu du désastre, dans un certain nombre d'usines importantes où ils constituaient une large part du personnel. L'Étoile nord-africaine a défilé en rangs pressés dans le cortège du 14 juillet 1936, fournissant le spectacle le plus poignant peut-être dans cette journée si riche en émotions. Aujourd'hui, les trois ou quatre hommes dont le travail, le courage, l'intelligence ont rendu cette grande chose possible, sont en prison dans une prison française et pour deux ans.

Bien sûr l'Étoile nord-africaine faisait partie de ce qu'on appelle le nationalisme nord-africain. Son rêve lointain était la constitution progressive d'un État de l'Afrique du Nord, dont les rapports avec la France auraient pu être, par exemple, ceux d'un dominion anglais avec l'Angleterre. Ses revendications immédiates étaient l'extension des libertés démocratiques aux indigènes, la suppression du code de l'indigénat, cet ensemble de contraintes à côté de quoi les régimes totalitaires apparaissent, par comparaison, presque libéraux, et, en France, l'égalité des travailleurs algériens et des travailleurs français. Comme toutes les organisations qui groupent des opprimés, par exemple, les organisations du prolétariat français, elle hésitait entre une opposition radicale, violente, et le réformisme, penchant vers l'un ou vers l'autre selon qu'il apparaissait ou non des possibilités de réformes. Le Rassemblement populaire lui donna l'espérance de progrès importants et paisibles ; elle y adhéra avec enthousiasme. Quand Viénot conclut le traité franco-syrien, sa grande revendication fut l'élaboration progressive d'un statut analogue pour l'Afrique du Nord. Certains affirmeront-ils que ces dispositions pacifiques étaient feintes, que l'Étoile nord-africaine ne rêvait que de violences ? Encore faudrait-il le prouver. Ce qui est incontestable, c'est que l'Étoile n'a pas changé de politique entre le moment où elle a été reçue au Rassemblement populaire, où elle a pris part au défilé du 14 juillet, et le moment où soudain, brutalement, le gouvernement Blum l'a dissoute.

*

On n'a jamais donné les motifs de cette dissolution. On s'est contenté de prendre des airs mystérieux, en insinuant : « Ah ! si vous saviez ce que nous savons ! » Nous connaissons ces airs-là. Bien naïfs ceux sur qui ils feraient impression. Mais le plus intéressant, c'est ce qui a suivi. Quelques organisations adhérant au Rassemblement populaire ont proposé à ce dernier d'exclure l'Étoile en raison du décret de dissolution porté contre elle. On considérait donc, notons-le, que, bien que dissoute, elle était toujours membre du Rassemblement populaire, puisqu'on proposait de l'exclure. Le représentant de la CGT et celui du

CVIA[1] demandèrent et obtinrent qu'elle ne fût pas exclue sans que son chef, Messali, fût entendu. Messali constitua un dossier, le communiqua à quelques membres du comité de Rassemblement populaire. Cependant il ne fut pas convoqué officiellement pour être entendu, et la question de l'exclusion ne fut plus posée. L'Étoile nord-africaine, bien que dissoute depuis des mois, est donc toujours membre du Rassemblement populaire !

Messali, ayant sous les yeux l'exemple des ligues fascistes, pouvait à bon droit considérer la dissolution comme une invitation à reconstituer une organisation semblable sous un autre nom. Il est vrai qu'en y réfléchissant bien, il y a quelque chose comme une action judiciaire intentée contre les ligues fascistes ; mais elle ressemble singulièrement à une inaction judiciaire. Au reste, cette action, si action il y a, repose sur une définition des ligues caractérisées comme des organisations paramilitaires. Tel n'a jamais été le caractère de l'Étoile, et, à ma connaissance, on ne l'en a même jamais accusée. S'il en avait été autrement, aurait-elle été admise au Rassemblement populaire ? Cependant c'est pour avoir reconstitué cette organisation qui n'est pas une ligue, qui est toujours membre du Rassemblement populaire, que, sous un gouvernement qui émane du Rassemblement populaire, Messali et trois

1. Comité de vigilance des intellectuels antifascistes. *(N.d.É.)*

de ses camarades ont été condamnés à deux ans de prison. Pour ce seul délit ; car l'inculpation de menées antifrançaises a été écartée par le tribunal, qui a retenu seulement celle de reconstitution de ligue dissoute.

Peut-on se permettre de demander ce que doivent faire les hommes, les militants qui ont appartenu à l'Étoile nord-africaine ? S'ils veulent se grouper, on pourra toujours les accuser d'avoir reconstitué l'Étoile. C'est à vrai dire une pure et simple interdiction de s'organiser, et sous peine de prison, qui a été portée contre eux sans aucune explication. Ce ne sont pas seulement les quatre militants frappés par la condamnation qui en subissent durement l'atteinte, c'est bien plus encore tant de milliers d'hommes malheureux, opprimés, qui n'avaient à eux que leur organisation, et qui en sont privés. Croit-on sérieusement qu'ils se résigneront à cet état de choses, et qu'ils n'iront pas du seul côté où apparemment il soit permis de s'organiser, c'est-à-dire à droite ? On nous dit qu'il y avait des Algériens parmi les « cagoulards ». S'il n'y avait pas des milliers, des milliers et des milliers d'Algériens, ce n'est pas la faute de notre gouvernement. Et si un jour comme en Espagne, l'Afrique du Nord déverse chez nous des flots d'indigènes armés sous la conduite de généraux factieux, la « justice immanente » ne serait-elle pas sans doute satisfaite au moment où tels grands personnages périraient de la main d'un Arabe ?

On colporte, bien entendu, contre l'Étoile nord-africaine, les mêmes bruits de collusion avec le fascisme espagnol ou italien qu'on a colportés lorsqu'on voulait l'exclure du Rassemblement populaire ; à ce moment, Messali les a complètement réfutés. Ce qui était faux alors serait-il devenu vrai depuis ? Comme on a pris soin de mettre Messali et ses camarades en prison, il leur est difficile de prouver le contraire ; qui sait d'ailleurs ce que peut devenir une organisation composée d'hommes malheureux, en général ignorants, quand on la prive brutalement des chefs en qui elle a mis sa confiance ?

*

Au reste, ces collusions avec le fascisme, si – comme je le crois pour ma part – elles n'existent pas, existeront indubitablement pour peu que la même politique se poursuive. Ceux qui préconisent cette politique triompheront alors d'avoir vu si clair. Ils ne comprendront pas que les vrais auteurs de ces collusions, ce sont eux, et je parle pour les membres du gouvernement responsables de cette politique comme pour ceux qui les ont conseillés.

Ce sont eux qui sont coupables de menées antifrançaises en Afrique du Nord, en achevant d'y rendre la France odieuse. Eux qui, dès mars 1937, trouvaient presque naturel que la police tire sur les grévistes, dès lors que ces grévistes étaient simplement des mineurs indigènes de Tunisie, contraints de travailler douze heures, à un rythme épuisant, pour des salaires infimes ; Blum, qui a pleuré après Clichy, n'a pas jugé les dix-neuf morts arabes de Metlaoui dignes de ses larmes. Eux qui ont laissé le général Noguès terminer cette même année 1937 au Maroc par la provocation, la terreur et les tueries. Eux qui ont fait si peu que rien pour donner aux milliers de milliers d'hommes qui subissent la faim et l'esclavage en Afrique du Nord plus de pain et de liberté, pour aménager la culture, alléger le budget, réformer le code de l'indigénat. Eux qui refusent aux Nord-Africains venus en France le bénéfice des allocations familiales pour les enfants demeurés en Afrique du Nord, les contraignant à des privations inhumaines pour envoyer de maigres mandats. Eux qui ont condamné Messali à la privation des droits civiques, au moment même où les élections cantonales lui donnaient une victoire éclatante dès le premier tour. Et ce ne sont là que quelques faits cités au hasard.

Ils sont plaisants vraiment, ceux qui parlent avec scandale, et comme d'un crime, de collusions possibles entre les indigènes nord-africains et le fascisme. Et pourquoi donc, ayant tâté de tout le reste et toujours vu leurs espoirs déçus, ne tâteraient-ils pas aussi du fascisme avant de sombrer dans un complet désespoir ? Sans doute savons-nous bien qu'avec le fascisme les malheureux ne tomberont pas mieux. Du moins peuvent-ils se dire qu'ils ne risquent guère de tomber plus mal. On croirait vraiment, à entendre la plupart de nos camarades, que le Front populaire possède un droit absolu, un droit divin au soutien, à la fidélité des opprimés, y compris ceux qu'il foule aux pieds. Ne leur fait-il pas « en les croquant, beaucoup d'honneur » ? N'est-on pas plus libre, mis en prison par un gouvernement de gauche, qu'en liberté sous un gouvernement de droite ?

Je ne terminerai pas en disant qu'il est scandaleux de voir une telle politique menée par un gouvernement de Front populaire. Non. Pourquoi feindre de croire à une fiction qu'on connaît pour telle ? Un pareil gouvernement, héritier du Cartel, est bien dans la ligne de celui qui, en 1924-1925, fit la guerre au Maroc. Que dire pourtant du rôle des socialistes ? Sans doute, le parti socialiste, en tant que parti, s'est-il ému ces derniers temps du drame nord-africain. Mais qu'ont fait ses ministres au pouvoir ? On sait que Dormoy s'est déchargé de l'Algérie sur Raoul Aubaud, mais celui-ci n'était qu'un sous-secrétaire d'État ; qui croira que le ministre de l'Intérieur n'avait pas le pouvoir de faire mettre Messali et ses camarades en liberté ? Sans doute aussi l'Afrique du Nord ne se trouvait-elle pas placée sous l'autorité de Marius Moutet ; mais le Gabon s'y trouvait placé ; qui, dès lors, est responsable de la déportation meurtrière du professeur marocain El Fassi au Gabon, dans un climat fatal pour un malade comme lui ?

Quand on récapitule les événements de ces derniers mois en Afrique du Nord, et qu'on songe ensuite aux problèmes brûlants de la politique extérieure, on ne peut que rire amèrement. Ce sont ces colonies infortunées qui pourraient nous valoir une guerre européenne ! Quel juste retour si, à cause de ces hommes de peau diversement colorée que nous abandonnons si froidement à leur misère, chaque Français devait être voué aux misères non moins atroces du PCDF[1] ! Nous les laissons périr, et nous périrons pour pouvoir continuer à les laisser périr ! Et c'est cette France que beaucoup voudraient lancer dans une croisade libératrice pour l'Espagne ou pour la Chine. Sans doute alors les Indochinois, les Nord-Africains seraient-ils admis parmi les premiers à l'honneur de mourir pour la liberté des peuples ?

---

1. PCDF : « pauvres couillons du front », désigne, par métonymie, le front, et ici la guerre. *(N.d.É.)*

# Le sang coule en Tunisie[1]

« Du sang à la une » dans les journaux ouvriers. Le sang coule en Tunisie. Qui sait ? On va peut-être se souvenir que la France est un petit coin d'un grand empire, et que dans cet empire des millions et des millions de travailleurs souffrent ?

Il y a huit mois que le Front populaire est au pouvoir, mais on n'a pas encore eu le temps de penser à eux. Quand des métallos de Billancourt sont en difficulté, Léon Blum reçoit une délégation ; il se dérange pour aller à l'Exposition parler aux gars du bâtiment ; quand il lui semble que les fonctionnaires grognent, il leur adresse un beau discours par radio tout exprès pour eux. Mais les millions de prolétaires des colonies, nous tous, nous les avions oubliés.

D'abord ils sont loin. Chacun sait que la souffrance diminue en raison de l'éloignement.

1. Feuilles libres, mars 1937.

Un homme qui peine sous les coups, épuisé par la faim, tremblant devant ses chefs, là-bas en Indochine, cela représente une souffrance et une injustice bien moindres qu'un métallo de la région parisienne qui n'obtient pas ses 15 % d'augmentation, ou un fonctionnaire victime des décrets-lois. Il doit y avoir là une loi de physique qui se rapporte à l'inverse du carré de la distance. La distance a le même effet sur l'indignation et la sympathie que sur la pesanteur.

D'ailleurs ces gens-là – Jaunes, Noirs, « bicots » – sont habitués à souffrir. C'est bien connu. Depuis le temps qu'ils crèvent de faim et qu'ils sont soumis à un arbitraire total, ça ne leur fait plus rien. La meilleure preuve, c'est qu'ils ne se plaignent pas. Ils ne disent rien. Ils se taisent. Au fond, ils ont un caractère servile. Ils sont faits pour la servitude. Sans quoi ils résisteraient.

Il y en a bien quelques-uns qui résistent, mais ceux-là, ce sont des « meneurs », des « agitateurs », probablement payés par Franco et Hitler ; on ne peut employer vis-à-vis d'eux que des mesures de répression, comme la dissolution de l'Étoile nord-africaine.

Et puis il n'y a rien de spectaculaire dans le drame de ces gens-là. Du moins jusqu'au dernier incident. Des fusillades, des massacres, voilà qui parle à l'imagination ; cela fait sensation, cela fait du bruit. Mais les larmes versées en silence, les désespoirs muets, les révoltes refoulées, la résignation, l'épuisement, la mort lente – qui donc songerait à se préoccuper de pareilles choses ? Les gosses tués à Madrid par des bombes d'avions, cela cause un frisson d'indignation et de pitié. Mais tous les petits gars de dix ou douze ans, affamés et surmenés, qui ont péri d'épuisement dans les mines indochinoises, nous n'y avons jamais pensé. Ils sont morts sans que leur sang coule. Des morts pareilles, cela ne compte pas. Ce ne sont pas de vraies morts.

Au fond, nous – et quand je dis « nous », j'entends tous ceux qui adhérent à une organisation du Rassemblement populaire – nous sommes exactement semblables aux bourgeois. Un patron est capable de condamner ses ouvriers à la plus atroce misère, et de s'émouvoir d'un mendiant rencontré sur son chemin ; et nous, qui nous unissons au nom de la lutte contre la misère et l'oppression, nous sommes indifférents au sort inhumain que subissent au loin des millions d'hommes qui dépendent du gouvernement de notre pays. Aux yeux des bourgeois, les souffrances physiques et morales des ouvriers n'existent pas tant qu'ils se taisent, et les patrons les contraignent à se taire par des moyens de force. Nous aussi, Français « de gauche », nous continuons à faire peser sur les indigènes des colonies la même contrainte impitoyable, et comme la terreur les rend muets, nous avons vaguement l'impression que les choses ne vont pas si mal là-bas, qu'on ne souffre pas trop, qu'on est accoutumé aux privations et à la servitude.

La bourgeoisie s'intéresse à un crime, à un suicide, à un accident de chemin de fer, et ne pense jamais à ceux dont la vie est lentement écrasée, broyée et détruite par le jeu quotidien de la machine sociale. Et nous aussi, avides de nouvelles sensationnelles, nous n'avons pas accordé une pensée aux millions d'êtres humains qui n'espéraient qu'en nous, qui du fond d'un abîme d'esclavage et de malheur tournaient les yeux vers nous, et qui depuis huit mois, sans fracas, sans bruit, passent progressivement de l'espérance au désespoir.

À présent, le sang a coulé. La tragédie coloniale a fini par prendre la forme de fait divers, seule accessible à notre sensibilité et à notre intelligence rudimentaires. À partir de maintenant, nous ne pouvons plus nous vanter que la fameuse « expérience » s'accomplit sans effusion de sang. Du sang l'a souillée.

Il est facile de parler de responsabilités, de sabotage. Sans enquête, nous savons où sont les responsabilités. Que chacun de nous se regarde dans la glace, il verra l'un des responsables. Le gouvernement actuel ne gouverne-t-il pas au nom du Rassemblement populaire ? Ses membres ne sont guère en cause ; surmenés, accablés comme ils le sont, il est forcé que leur activité dépende pour une grande part des préoccupations qu'on leur impose. Si, par exemple, Léon Blum avait eu l'impression que nous sommes plus préoccupés de l'esclavage colonial que des traitements des fonctionnaires, il aurait sûrement consacré aux colonies le temps passé à préparer aux fonctionnaires un beau discours.

Quoi qu'il en soit, on doit bien avouer que, jusqu'ici, l'œuvre coloniale du gouvernement se ramène à peu près à la dissolution de l'Étoile nord-africaine. On dira que des réformes coloniales n'étaient pas prévues au programme du Rassemblement populaire. La dissolution non motivée de l'Étoile nord-africaine n'y était pas non plus prévue. Les morts de Tunisie non plus, d'ailleurs. Ce sont des morts hors programme.

Quand je songe à une guerre éventuelle, il se mêle, je l'avoue, à l'effroi et à l'horreur que me cause une pareille perspective, une pensée quelque peu réconfortante. C'est qu'une guerre européenne pourrait servir de signal à la grande revanche des peuples coloniaux pour punir notre insouciance, notre indifférence et notre cruauté.

# Qui est coupable de menées antifrançaises[1] ?

En condamnant Messali à deux années de prison, le tribunal a écarté l'inculpation de menées antifrançaises. Que peut-on en conclure, sinon qu'on n'a pas pu trouver de menées antifrançaises du Parti du peuple africain ? Et sans doute, si on n'a pas pu en trouver, c'est qu'il n'y en avait pas.

Il n'en est pas moins certain que l'amour de la France n'est pas très vif en ce moment au cœur des populations nord-africaines. Il y a apparemment, sur ce territoire, des menées antifrançaises. Mais qui se livre à ces menées ? Qui est coupable de faire le jeu des ambitions fascistes en discréditant la France et le régime démocratique ?

Pour moi, je suis française. Je n'ai jamais été en Afrique du Nord. J'ignore tout des intrigues compliquées auxquelles peuvent se livrer

1. Projet d'article, mars 1938.

l'Allemagne et l'Italie dans la population musulmane. Je crois pourtant en savoir assez pour porter une accusation. Une accusation qu'aucun tribunal ne confirmera, bien sûr.

J'accuse l'État français et les gouvernements successifs qui l'ont représenté jusqu'à ce jour, y compris les deux gouvernements de Front populaire ; j'accuse les administrations d'Algérie, de Tunisie, du Maroc ; j'accuse le général Noguès, j'accuse une grande partie des colons et des fonctionnaires français de menées antifrançaises en Afrique du Nord. Tous ceux à qui il est arrivé de traiter un Arabe avec mépris ; ceux qui font verser le sang arabe par la police ; ceux qui ont opéré et opèrent l'expropriation progressive des cultivateurs indigènes ; ceux qui, colons, industriels, traitent leurs ouvriers comme des bêtes de somme ; ceux qui, fonctionnaires, acceptent, réclament qu'on leur verse pour le même travail un tiers de plus qu'à leurs collègues arabes ; voilà quels sont ceux qui sèment en territoire africain la haine de la France.

Lors des occupations d'usines, en juin 1936, la France s'est divisée en deux camps. Les uns ont accusé les militants ouvriers, ces « meneurs », ces « agitateurs », d'avoir excité les troubles. Les autres – et ces autres, c'étaient notamment les membres et les partisans du Front populaire – ont répondu : Non, ceux qui ont mis au cœur des ouvriers tant de révolte, tant d'amertume, qui les ont amenés à recourir enfin à la force, ce sont les patrons eux-mêmes, à cause de la contrainte, de la terreur, de la misère qu'ils avaient fait peser pendant des années sur les travailleurs des usines.

À ce moment, en juin 1936, les hommes « de gauche » avaient compris comment, en France, se posait le problème. Aujourd'hui, c'est de l'Afrique du Nord qu'il s'agit ; et ces mêmes hommes ne comprennent plus. C'est pourtant le même problème qui se pose ; mais ils ne s'en sont pas aperçus. C'est toujours, partout, le même problème qui se pose. Toujours, partout où il y a des opprimés.

Il s'agit toujours de savoir, là où il y a oppression, qui met au cœur des opprimés l'amertume, la rancune, la révolte, le désespoir. Est-ce que ce sont ceux des opprimés qui, les premiers, osent dire qu'ils souffrent, et qu'ils souffrent injustement ? Ou est-ce que ce sont les oppresseurs eux-mêmes, du seul fait qu'ils oppriment ?

Des hommes qui, étant brimés, offensés, humiliés, réduits à la misère, auraient besoin de « meneurs » pour avoir le cœur plein d'amertume, de tels hommes seraient nés esclaves. Pour quiconque a un peu de fierté, il suffit d'avoir été humilié pour avoir la révolte au cœur. Aucun « meneur » n'est nécessaire. Ceux qu'on appelle les « meneurs », c'est-à-dire les militants, ne créent pas les sentiments de révolte, ils les expriment simplement. Ceux qui créent les sentiments de révolte, ce sont les hommes qui osent humilier leurs semblables.

Y a-t-il quelque part une race d'hommes si naturellement serviles qu'on puisse les traiter avec mépris sans exciter en eux, tout au moins, une protestation muette, une rancune impuissante ? Ce n'est certainement pas le cas de la race arabe, si fière lorsqu'elle n'est pas brisée par une force impitoyable. Mais ce n'est le cas d'aucune race d'hommes. Tous les hommes, quels que soient leur origine, leur milieu social, leur race, la couleur de leur peau, sont des êtres naturellement fiers. Partout où on opprime des hommes, on excite la révolte aussi inévitablement que la compression d'un ressort en amène la détente.

Cette vérité, les hommes qui sont aujourd'hui au pouvoir la comprennent un peu lorsque les opprimés sont des ouvriers français, et les oppresseurs, les patrons. Ils ne la comprennent plus du tout lorsque les opprimés sont les indigènes des colonies, et les oppresseurs, entre autres, eux-mêmes, hommes au pouvoir. Pourquoi ? Croient-ils que le fait d'avoir la peau de couleur un peu foncée rend l'humiliation plus facile à supporter ? S'ils le croient, j'appelle de tous mes vœux le jour où les faits les forceront de reconnaître qu'ils se sont trompés. Le jour où les populations indigènes des colonies françaises auront enfin l'équivalent de ce qu'ont été, pour les ouvriers français, les journées de juin 1936.

Je n'oublierai jamais le moment où, pour la première fois, j'ai senti et compris la tragédie de la colonisation. C'était pendant l'Exposition coloniale, peu après la révolte de Yên Bái en Indochine. Un jour, par hasard, j'avais acheté *Le Petit Parisien* ; j'y vis, en première page, le début de la belle enquête de Louis Roubaud sur les conditions de vie des Annamites, leur misère, leur esclavage, l'insolence toujours impunie des Blancs. Parfois, le cœur plein de ces articles, j'allais à l'Exposition coloniale ; j'y trouvais une foule béate, inconsciente, admirative. Pourtant beaucoup de ces gens avaient certainement lu, le matin même, un article poignant de Louis Roubaud.

Il y a sept ans de cela. Je n'eus pas de peine, peu de temps après, à me convaincre que l'Indochine n'avait pas le privilège de la souffrance parmi les colonies françaises. Depuis ce jour, j'ai honte de mon pays.

Depuis ce jour, je ne peux pas rencontrer un Indochinois, un Algérien, un Marocain, sans avoir envie de lui demander pardon. Pardon pour toutes les douleurs, toutes les humiliations qu'on lui a fait souffrir, qu'on a fait souffrir à leur peuple. Car leur oppresseur, c'est l'État français, il le fait au nom de tous les Français, donc aussi, pour une petite part, en mon nom. C'est pourquoi, en présence de ceux que l'État français opprime, je ne peux pas ne pas rougir, je ne peux pas ne pas sentir que j'ai des fautes à racheter.

Mais si j'ai honte de mon pays depuis sept ans, j'éprouve, depuis un an et demi, un sentiment encore plus douloureux. J'ai honte de ceux dont je me suis toujours sentie le plus proche. J'ai honte des démocrates français, des socialistes français, de la classe ouvrière française.

Que les ouvriers français, mal informés, harassés par le travail d'usine, ne se préoccupent pas beaucoup de ce qui se passe dans des territoires lointains, c'est assez excusable. Mais depuis des années ils voient leurs compagnons de travail nord-africains souffrir à leurs côtés plus de souffrances qu'eux-mêmes, subir plus de privations, plus de fatigues, un esclavage plus brutal. Ils savent que ces malheureux sont encore des privilégiés par rapport aux autres malheureux qui, poussés par la faim, ont vainement essayé de venir en France. Le contact a pu s'établir entre travailleurs français et arabes au cours des longues journées d'occupation des usines. Les ouvriers français ont constaté à ce moment-là comment l'Étoile nord-africaine les a soutenus ; ils l'ont vue défiler avec eux le 14 juillet 1936. Pourtant ils l'ont laissé dissoudre sans protester. Ils sont restés indifférents à la condamnation de Messali. Ils voient, semble-t-il, avec indifférence leurs malheureux camarades privés d'allocations familiales.

Quant aux organisations antifascistes, elles se chargent, par leur attitude à l'égard des colonies, d'une honte ineffaçable. Y a-t-il beaucoup d'hommes, parmi les militants ou les simples membres de la SFIO et de la CGT, qui ne s'intéressent pas beaucoup plus au traitement d'un instituteur français, au salaire d'un ajusteur français, qu'à la misère atroce qui fait périr de mort lente les populations d'Afrique du Nord ?

*

Les outrages déshonorent ceux qui les infligent bien plus que ceux qui les subissent. Toutes les fois qu'un Arabe ou un Indochinois est insulté sans pouvoir répondre, frappé sans pouvoir rendre les coups, affamé sans pouvoir protester, tué impunément, c'est la France qui est déshonorée. Et elle est, hélas, déshonorée de cette manière tous les jours.

Mais l'outrage le plus sanglant, c'est quand elle envoie de force ceux qu'elle prive de leur dignité, de leur liberté, de leur pays, mourir pour la dignité, la liberté, la patrie de leurs maîtres. Dans l'Antiquité, il y avait des esclaves, mais les citoyens seuls combattaient. Aujourd'hui on a trouvé mieux ; on réduit d'abord des populations entières à l'esclavage, et ensuite on s'en sert comme de chair à canon.

Pourtant les opprimés des colonies peuvent trouver une amère consolation dans la pensée que leurs vainqueurs subissent parfois à cause d'eux une misère égale à celle qu'ils leur infligent. Quand on étudie l'histoire de l'avant-guerre, on voit que c'est le conflit concernant le Maroc qui a envenimé les rapports franco-allemands au point de faire tourner, en 1914, l'attentat de Sarajevo en catastrophe mondiale. La France a vaincu et soumis les Marocains, mais c'est à cause de ces Marocains vaincus et soumis que tant de Français ont croupi pendant quatre ans dans les tranchées. Ce fut leur punition, et elle était méritée. Aujourd'hui, si un nouveau conflit éclate, la question coloniale en sera encore l'origine. Une fois de plus les Français souffriront, mourront, et une fois de plus ils l'auront mérité.

Quant à l'Afrique du Nord, j'aime à croire qu'elle perd de plus en plus l'envie d'être un réservoir de chair à canon. Il n'est pas besoin, pour lui faire perdre cette envie un peu plus tous les jours, que Berlin, Rome ou Moscou exercent leur influence. La France s'en charge.

De même il n'est pas besoin de Rome ni de Berlin pour que l'Afrique du Nord se détache un peu plus tous les jours de la cause antifasciste. Le Front populaire, parvenu au pouvoir, s'en charge, en continuant à laisser subir aux populations d'Afrique du Nord plus de douleurs et plus d'outrages que n'en subissent les peuples soumis aux régimes fascistes.

Le principal auteur des menées antifrançaises en Afrique du Nord, c'est la France. Les principaux auteurs de menées fascistes en Afrique du Nord, ce sont, sauf exceptions, les organisations antifascistes.

# Le Maroc ou de la prescription en matière de vol[1]

Le début de l'année 1937 nous a apporté une chaude alerte. Le territoire de la patrie était menacé. Toute la presse quotidienne, sans aucune exception, unanime comme en ces quatre années si belles, trop vite écoulées, où le cœur de tous les Français battait à l'unisson, toute la presse s'est dressée fièrement pour la défense de ce sol sacré. Les dissensions civiles se sont effacées devant ce magnifique élan.

Oui, le territoire de la patrie était menacé. Quelle portion du territoire, à propos ? L'Alsace-Lorraine ? Oui, précisément. Ou plutôt non, ce n'était pas exactement l'Alsace-Lorraine, mais quelque chose d'équivalent. C'était le Maroc. Oui, le Maroc, cette province si essentiellement française. Chose à peine croyable, l'Allemagne semblait manifester des velléités de mettre la

1. *Vigilance*, n^os^ 48-49, 10 février 1937.

main sur la population marocaine, de l'arracher aux traditions héritées de ses ancêtres, les Gaulois, aux cheveux blonds, aux yeux bleus. Prétention absurde ! Le Maroc a toujours fait partie de la France. Ou sinon toujours, du moins depuis un temps presque immémorial. Oui, exactement depuis décembre 1911. Pour tout esprit impartial, il est évident qu'un territoire qui est à la France depuis 1911 est français de droit pour l'éternité.

C'est ce qui apparaît d'ailleurs encore plus clairement si on se reporte à l'histoire du Maroc. Cette histoire doit faire sentir aux plus indifférents que le Maroc est pour la France en quelque sorte une seconde Lorraine.

*

Jusqu'en 1904, l'indépendance du Maroc n'avait jamais été mise en question, du moins dans des textes diplomatiques. Il était seulement convenu par le traité de Madrid (1880) que toutes les puissances y avaient droit, pour leur commerce, au traitement de la nation la plus favorisée.

En 1904, la France et l'Angleterre éprouvèrent le besoin de régler leurs comptes, à la suite de l'échec infligé à la France à Fachoda. La France, jusque-là, avait noblement défendu, au nom des droits de l'homme, l'indépendance du peuple égyptien. En 1904, elle autorisa l'Angleterre à fouler aux pieds cette indépendance. En échange, l'Angleterre lui abandonna le Maroc.

Un traité fut signé, comportant la mainmise immédiate de l'Angleterre sur l'Égypte, et le partage éventuel du Maroc entre la France et l'Espagne. Comme la France est toujours loyale, ce partage ne fut inscrit que dans les clauses secrètes du traité. Les clauses publiques, elles, garantissaient solennellement l'indépendance du Maroc.

L'Allemagne eut-elle vent de quelque chose ? En tout cas ce traité franco-anglais ne lui disait rien de bon. Elle voulait avoir sa part du Maroc. Prétention insoutenable ! Dès ce moment, le Maroc appartenait de droit à la France. Ne l'avait-elle pas payé ? Elle l'avait payé de la liberté des Égyptiens.

Guillaume II fit un discours retentissant à Tanger. L'Allemagne réclama une conférence internationale pour résoudre la question marocaine. Delcassé, ministre des Affaires étrangères, tint tête. On était exactement au bord de la guerre quand Delcassé fut écarté. Il était, on peut le dire, moins cinq. Le successeur de Delcassé céda.

L'acte d'Algésiras (1906), signé de toutes les puissances européennes, n'accordait à la France aucun privilège, sauf celui de fournir au sultan, pour cinq ans, quelques dizaines d'instructeurs pour sa police indigène. Il ne devait y avoir au Maroc aucune force militaire européenne, et les diverses puissances devaient y jouir de droits économiques égaux.

Dès lors, la question qui se posait était : comment violer l'acte d'Algésiras ? En effet, cet acte était nul de plein droit, puisqu'il n'accordait pas le Maroc à la France. Ce point doit être clair pour toute intelligence moyenne.

Seuls des esprits primaires pourraient rapprocher la violation de l'acte d'Algésiras et la violation du traité de Versailles. Ces deux cas sont sans aucun rapport. L'acte d'Algésiras défavorisait la France, il était donc caduc dès son apparition. Le traité de Versailles devait être éternel pour la raison contraire.

Après 1906, on essaya diverses combinaisons avec l'Allemagne, elle aussi désireuse de violer l'acte d'Algésiras, mais – avidité monstrueuse ! – à condition d'y trouver un profit. On alla jusqu'à lui offrir un port au Maroc avec *Hinterland*. On essaya de partager avec elle le pouvoir économique au Maroc, mais comme en même temps la France tenait à se réserver tout le pouvoir politique, cette solution s'avéra impraticable.

Enfin, en 1911, la France sentit qu'il était temps d'agir. Elle envoya purement et simplement des troupes à Fez, capitale du Maroc. Elle allégua qu'il y avait des commencements de troubles qui mettaient en danger la vie des Européens, et promit de retirer les troupes dès que la sécurité serait rétablie. On n'a jamais su s'il y avait eu effectivement danger. En tout cas l'occupation militaire de Fez, accomplie sans consultation formelle des puissances signataires de l'acte d'Algésiras, déchirait enfin cet acte ridicule.

Une fois installée à Fez, il va de soi que la France ne s'en retira plus. Le souci du prestige, bien plus important – quand il s'agit de la France – que le droit international, le lui interdisait.

Au bout de quelques mois, l'Allemagne, voyant que les troupes françaises étaient toujours à Fez, envoya un navire de guerre sur la côte marocaine, à Agadir. Elle s'obstinait à réclamer sa part.

Caillaux, qui venait d'arriver au pouvoir, entama les négociations. Elles se terminèrent fin 1911. Dans l'intervalle, la guerre avait été plusieurs fois sur le point d'éclater. Enfin un traité franco-allemand reconnut le protectorat français au Maroc, contre la cession d'une petite partie du Congo français au Cameroun allemand.

Le gouvernement allemand s'était laissé jouer. L'Allemagne le sentit. L'explosion d'août 1914 fut sans doute pour une part une suite de l'expédition militaire à Fez. Du moins c'est l'opinion exprimée par Jaurès dans son dernier discours (à Vaise, le 28 juillet 1914).

Le plus beau, c'est qu'après la victoire on a repris le morceau du Congo cédé en 1911, et on a pris le Cameroun, et on a gardé le Maroc.

*

À présent, l'Allemagne prétend mettre en cause les clauses coloniales du traité de Versailles. Elle peut le faire de deux manières. Elle peut réclamer le Cameroun tel qu'elle l'avait en 1914, ou elle peut considérer le traité de 1911 comme annulé par Versailles, et réclamer les droits sur le Maroc qu'elle avait échangés contre l'agrandissement du Cameroun.

La question ne se pose pas, heureusement. Chacun sait que le traité de Versailles est intangible. Et puis le Maroc est devenu la chair même de la France, du fait des sacrifices accomplis pour lui. Sacrifices non seulement en hommes et en argent, mais d'un ordre bien plus grave. En vue du Maroc, la France s'est comportée en vraie « puissance coloniale » : elle a vendu les libertés égyptiennes, signé un traité dont les clauses secrètes contredisaient les clauses publiques, violé ouvertement un autre traité. De pareils sacrifices moraux, pour la nation la plus loyale du monde, confèrent des droits sacrés.

Aussi, que l'Allemagne le sache bien, le moindre débarquement de troupes allemandes au Maroc nous trouverait tous résolus à tuer et à mourir !

Il est vrai qu'aux dernières nouvelles il semble qu'il n'y ait pas eu de troupes allemandes au Maroc. Qu'importe ? La présence d'ingénieurs allemands au Maroc espagnol est incontestable ; l'envoi en Allemagne de minerai de fer marocain aussi. Il est évident que toute mainmise économique de l'Allemagne sur une portion du Maroc serait intolérable. Aucun traité ne l'interdit, mais cette interdiction est sous-entendue.

L'Allemagne manque du sens le plus élémentaire des convenances. À preuve cette histoire de concessions économiques dans les colonies portugaises. Bien sûr, aucun traité n'interdit au Portugal et à l'Allemagne des arrangements de cet ordre. Mais une interdiction devrait-elle être nécessaire ?

Puisque l'Allemagne a besoin qu'on mette les points sur les *i*, nous le ferons. Nous avions voulu, par politesse, lui épargner certaines vérités désagréables, espérant qu'elle saurait se tenir à sa place.

Puisqu'elle ne le fait pas, que notre gouvernement convoque une conférence internationale pour compléter le traité de Versailles par deux additifs :

– Un additif dans le préambule, comportant la définition suivante : « Toute situation internationale où l'Allemagne est économiquement, militairement et politiquement inférieure à la France constitue un état de paix.

– Tout ce qui ferait tendre les forces de l'Allemagne à égaler ou à dépasser celles de la France constituerait une provocation à la guerre. »

– Et une clause nouvelle, dont la légitimité crève les yeux : « Toute expansion économique de l'Allemagne, soit par rapport aux débouchés, soit par rapport aux matières premières, est contraire au droit international. Des dérogations ne seront possibles qu'avec l'autorisation formelle de la France. »

Si le gouvernement de Front populaire, si les partis du Front populaire n'ont pas encore compris que le devoir est là, le Comité de vigilance saura le leur rappeler.

Et autour d'une politique si juste se réalisera, enfin, l'union de la nation française !

# Lettre aux Indochinois[1]

*{En 1930, les nationalistes indochinois tentèrent d'entraîner les troupes indigènes de Yên Bái (Tonkin) contre les officiers et sous-officiers français. Ils échouèrent. La répression des autorités françaises fut impitoyable.}*

C'est avec douleur et honte que moi, jeune Française qui n'ai jamais quitté l'Europe, je m'adresse, par l'intermédiaire de ce journal, aux Indochinois. Cette douleur, cette honte datent de loin. De plus de cinq ans. Depuis plus de cinq ans, elles n'ont pas cessé de me peser sur la poitrine.

Je n'oublierai jamais. C'était au moment de l'Exposition coloniale. La sanglante affaire de Yên Bái, suivie d'une sanglante répression, avait rappelé à la France qu'il y avait une Indochine. *Le Petit Parisien* publiait en première page une enquête courageuse et documentée de Louis

1. Projet d'article, hiver 1936-1937.

Roubaud. Je l'achetais tous les matins ; en déjeunant à la hâte, je dévorais l'article de Louis Roubaud. J'y voyais comment on recrutait les coolies, comment on les frappait, comment il arrivait à des contremaîtres blancs d'estropier ou de se ruer à coups de pied sur des ouvriers annamites, devant leurs camarades trop terrorisés pour intervenir. Des larmes de honte m'étouffaient, je ne pouvais plus manger. À l'Exposition coloniale, je voyais la foule, dont pourtant une grande partie lisait *Le Petit Parisien*, contempler la reproduction du temple d'Angkor avec une admiration béate, stupidement indifférente aux souffrances causées par le régime ainsi symbolisé. Depuis lors, je n'ai jamais pu penser à l'Indochine sans avoir honte de mon pays.

Aujourd'hui, nous avons un gouvernement de Front populaire. L'esprit si évidemment généreux et humain du chef du gouvernement conquiert les sympathies de tous les hommes de bonne foi. Le ministre des Colonies est socialiste. Pour la première fois apparaît l'espoir que l'Indochine cesse un jour d'être pour les Français informés un sujet de honte.

Pourtant le pouvoir d'un gouvernement est limité, surtout quand il y a tant d'ennemis, tant de difficultés à vaincre. Vous, amis, frères d'Indochine, vous devez l'aider à améliorer votre sort, à vous rapprocher de votre libération. Certes il s'agit là d'une notion difficile, dangereuse, qui, hélas !, fera des victimes, exigera des sacrifices.

Le chef du gouvernement, le ministre sont socialistes, mais ceux qui exécutent leurs instructions, qui les renseignent, qui les entourent de leur influence, ne le sont pas. Ce journal doit aider à faire la liaison entre vous et ceux qui, en France, pensent à vous. Utilisez-le pour vous rappeler à l'attention de la France ; pour nous renseigner, pour nous dire ce qui va mieux qu'autrefois et ce qui, malgré le changement de gouvernement, ne va toujours pas. Dites toute votre pensée. On flatte les tyrans, mais on parle franchement aux amis.

# II

# Les nouvelles données du problème colonial dans l'Empire français[1]

Les problèmes de la colonisation se posent avant tout en termes de force. La colonisation commence presque toujours par l'exercice de la force sous sa forme pure, c'est-à-dire par la conquête. Un peuple, soumis par les armes, subit soudain le commandement d'étrangers d'une autre couleur, d'une autre langue, d'une tout autre culture, et convaincus de leur propre supériorité. Par la suite, comme il faut vivre, et vivre ensemble, une certaine stabilité s'établit, fondée sur un compromis entre la contrainte et la collaboration. Toute vie sociale, il est vrai, est fondée sur un tel compromis, mais les proportions de la contrainte et de la collaboration diffèrent, et dans les colonies la part de la contrainte est généralement beaucoup plus grande qu'ailleurs. Il ne

1. *Essais et combats*, décembre 1938.

serait pas difficile de trouver une colonie appartenant à un État démocratique où la contrainte soit, à bien des égards, pire que dans le pire État totalitaire d'Europe.

La coexistence de deux races, même si l'une dirige, n'implique pas par elle-même une si grande contrainte. Des bases d'une collaboration suffisante pour réduire la contrainte au minimum pourraient être trouvées. Les Européens qui vont sur d'autres continents pourraient tout d'abord ne pas se sentir dépaysés parmi des êtres crus inférieurs s'ils connaissaient mieux leur propre culture et son histoire ; ils ne croiraient pas alors que les leurs ont tout inventé.

Réciproquement, la culture européenne, parée de ses propres prestiges et de tous ceux de la victoire, arrive toujours à attirer une partie de la jeunesse dans les pays colonisés. La technique, après avoir choqué beaucoup d'habitudes, étonne et séduit par sa puissance[1]. Les populations

1. Pour ne pas penser que Simone Weil fait l'éloge d'une culture développée car fondée sur le développement technique, il suffit de se reporter à *L'Enracinement*, deuxième partie, « Le Déracinement », « Le déracinement ouvrier » : « Le second facteur du déracinement est l'instruction telle qu'elle est conçue aujourd'hui. La Renaissance a partout provoqué une coupure entre les gens cultivés et la masse ; mais en séparant la culture de la tradition nationale, elle la plongeait du moins dans la tradition grecque. Depuis, les liens avec les traditions nationales n'ont pas été renoués, mais la Grèce a été oubliée. Il en est résulté une culture

conquises ne demandent, au moins en partie, qu'à assimiler cette culture et cette technique ; si ce désir n'apparaît pas aussitôt, le temps l'amène presque infailliblement. Une collaboration cordiale serait de ce fait possible, malgré la subordination d'une race à l'autre, si chaque étape dans le sens de l'assimilation apparaissait à la population soumise comme une étape dans la voie de l'indépendance économique et politique. Dans le cas contraire, l'assimilation aiguise les conflits. Une jeunesse élevée dans la culture du vainqueur ne supporte que par force d'être traitée avec dédain par des hommes à qui elle se sent semblable et égale. La technique, si la misère des masses augmente, ou simplement se maintient, ou même diminue, mais non pas à un rythme qui corresponde à la mise en valeur du pays, la technique apparaît comme un bien monopolisé par des étrangers et dont on souhaite s'emparer.

---

qui s'est développée dans un milieu très restreint, séparé du monde, dans une atmosphère confinée, une culture considérablement orientée vers la technique et influencée par elle, très teintée de pragmatisme, extrêmement fragmentée par la spécialisation, tout à fait dénuée à la fois de contact avec cet univers-ci et d'ouverture vers l'autre monde. [...] Ce qu'on appelle aujourd'hui instruire les masses, c'est prendre cette culture moderne, élaborée dans un milieu tellement fermé, tellement taré, tellement indifférent à la vérité [...], et enfourner le résidu tel quel dans la mémoire des malheureux qui désirent apprendre [...]. » (Simone Weil, *L'Enracinement*, *op. cit.*, p. 64.)

Si la population de la colonie a le sentiment que le vainqueur compte prolonger indéfiniment le rapport de conquérant à conquis, il s'établit une paix qui diffère de la guerre uniquement par le fait que l'un des camps est privé d'armes.

C'est vers une telle situation que tend automatiquement, par une sorte d'inertie, toute colonisation. Il va de soi que c'est là une situation intolérable. Si on la suppose donnée, de quelle manière est-il possible qu'elle s'améliore ?

*

Un des moyens que l'on peut concevoir est la naissance d'un mouvement d'opinion dans la nation colonisatrice contre les injustices effrayantes imposées aux colonies. Un tel mouvement d'opinion semblerait devoir être facile à susciter dans un pays qui se réclame d'un idéal de liberté et d'humanité. L'expérience montre qu'il n'en est rien. En 1931, Louis Roubaud a publié en première page du *Petit Parisien* une série d'articles sur l'Indochine pleins de révélations terribles qui ne furent pas démenties ; ils n'ont produit aucune impression, et aujourd'hui encore beaucoup de gens cultivés, de ceux qu'on considère bien informés, ignorent tout de l'atroce répression de 1931. Au cours du grand mouvement qui a soulevé, en 1936, les ouvriers français, ils ne se sont pour ainsi dire pas souvenus qu'il existât des colonies. Les organisations qui les représentaient ne s'en sont bien entendu guère mieux souvenues. D'une manière générale, les Français sont tellement persuadés de leur propre générosité qu'ils ne s'enquièrent pas des maux que souffrent par eux des populations lointaines ; et la contrainte prive ces populations de la faculté de se plaindre. La générosité ne va guère chez aucun peuple jusqu'à faire effort pour découvrir les injustices qu'on commet en son nom ; en tout cas elle ne va certes pas jusque-là en France. La propagande de quelques-uns ne peut y apporter qu'un faible remède.

Un autre moyen, celui qui se présente le plus naturellement à l'esprit, est une révolte victorieuse. Mais il est difficile qu'une révolte coloniale soit victorieuse. Le nombre serait du côté des révoltés ; mais le monopole de la technique et des armes les plus modernes pèse plus lourd dans la balance des forces. Une guerre qui absorberait les forces armées de la nation colonisatrice peut présenter peut-être des possibilités d'émancipation violente ; mais même en pareil cas une révolte n'arriverait que difficilement à réussir, et surtout elle serait singulièrement menacée par les ambitions des autres nations en armes. D'une manière générale, en supposant qu'une révolte armée soit heureuse, l'acquisition et le maintien de l'indépendance dans de telles conditions, la nécessité d'assurer la défense à la fois contre la nation qui commandait naguère et contre les autres convoitises exigeraient une telle tension morale, une mise en jeu si intensive de toutes les ressources matérielles que la population risquerait de n'y gagner ni bien-être ni liberté. Sans doute l'indépendance nationale est un bien ; mais quand elle suppose une telle soumission à l'État que la contrainte, l'épuisement et la faim soient aussi grands que sous une domination étrangère, elle est vaine. Nous ne voulons pas, nous, Français, mettre un tel prix à la défense de notre indépendance nationale ; pourquoi serait-il désirable que les populations des colonies mettent un tel prix à l'acquisition de la leur ?

*

Il semble qu'il n'y ait pas d'issue, et pourtant il y en a une. Il existe une troisième possibilité. C'est que la nation colonisatrice ait intérêt elle-même à émanciper progressivement ses propres colonies, et qu'elle comprenne cet intérêt. Or les conditions d'une telle solution existent. Le jeu des forces internationales fait que la France a intérêt, un intérêt urgent, évident, à transformer ses sujets en collaborateurs. Il faut qu'elle comprenne cet intérêt ; ici, la propagande peut s'employer.

Pour qui regarde seulement l'Europe, il est regrettable à bien des égards que la paix n'ait pu se maintenir qu'au prix des concessions de Munich. C'est affreux pour ceux des Allemands des Sudètes que ne séduit pas le régime hitlérien ;

c'est fort douloureux pour la Tchécoslovaquie, qui n'a plus qu'une ombre d'indépendance nationale ; c'est amer pour les États démocratiques, dont le prestige et par suite la sécurité apparaissent amoindris. Mais si on regarde l'Asie et l'Afrique, les accords de Munich ouvrent des espérances jusque-là chimériques. La France, dont la position en Europe a subi une si grave atteinte, ne se maintient au rang des grandes puissances que par son empire. Mais ce qui lui reste de force et de prestige ne peut plus lui suffire à conserver cet empire si ceux qui le composent ne désirent pas eux-mêmes y demeurer.

Les revendications de l'Allemagne concernant ses anciennes colonies ne touchent qu'un aspect partiel et secondaire de ce problème. Nul ne sait quand elle posera officiellement ces revendications, ni quelles revendications plus étendues pourront suivre. Mais dès aujourd'hui l'Empire français est l'objet des convoitises de l'Allemagne et de ses alliés. L'Allemagne a toujours considéré comme abusif – non sans motifs – le protectorat français sur le Maroc ; l'Italie a depuis longtemps les yeux sur la Tunisie ; le Japon désire l'Indochine. La France ne possède pas la puissance nécessaire pour défendre de si vastes territoires si les populations intéressées lui sont dans le for intérieur hostiles, ou même si elles assistent au conflit d'ambitions en simples spectatrices.

Certaine fable de La Fontaine sur l'âne et son maître est utile à relire en l'occurrence. Tout le monde en France la connaît ; il n'est que de songer à l'appliquer. Quand même tous les Français des colonies adopteraient soudain les procédés les plus humains, les plus bienveillants, les plus désintéressés, cela ne suffirait pas à susciter dans l'empire les sentiments nécessaires à la sécurité de la France. Il est indispensable que les sujets de la France aient quelque chose à eux qu'une autre domination risquerait de leur faire perdre ; et à cet effet il est indispensable qu'ils cessent d'être des sujets, autrement dit des êtres passifs, bien ou mal traités, mais entièrement soumis au traitement qu'on leur accorde. Il faut qu'ils entrent effectivement, et bientôt, et assez rapidement, dans le chemin qui mène de la situation de sujet à celle de citoyen.

*

Il n'est pas question de faire des colonies, tout d'un coup, des États indépendants. Une telle métamorphose serait sans doute sans lendemain ; mais de toute façon, aucun gouvernement français, de quelque parti qu'il se réclame, n'y songerait. Il y aurait à examiner des modalités d'autonomie administrative, de collaboration au pouvoir politique et militaire, de défense économique. Ces modalités différeraient nécessairement selon les colonies. Les mêmes solutions ne sont pas applicables sans doute aux Annamites, qui n'ont pas attendu l'invasion française pour être un peuple hautement civilisé, et à tels territoires du centre de l'Afrique. Le passé, les mœurs, les croyances doivent entrer en ligne de compte. Mais quelles que soient les modalités, le succès n'est possible que si elles s'inspirent de la même nécessité urgente : les populations des colonies doivent participer activement et en vue de leur propre intérêt à la vie politique et économique de leurs pays.

En ce qui concerne la France, il n'est pas sûr qu'une telle politique, même rapidement et intelligemment appliquée, puisse être efficace. Il est peut-être trop tard. S'il est vrai, par exemple, que sur les millions d'habitants du Nord-Annam et du Tonkin neuf familles sur dix environ avaient perdu au moins un de leurs membres à cause de la répression de 1931, ces millions d'hommes ne pardonneront peut-être pas facilement. Mais ce qui est à peu près certain, c'est que cette politique offre à la France l'unique chance de conserver son rang de grande puissance que presque tous les hommes politiques jugent indispensable à sa sécurité.

En revanche, en ce qui concerne les colonies, une telle politique, si elle est effectivement suivie, sera efficace dans tous les cas. Soit que les populations colonisées, à la suite d'une émancipation partielle, forment ou non des sentiments favorables au maintien de l'Empire français ; soit qu'elles demeurent, dans l'avenir prochain, sous la domination française ou passent sous une autre domination ; dans tous les cas, les libertés acquises leur donneront des possibilités de se défendre contre n'importe quelle oppression et des possibilités d'aller vers une émancipation complète qu'elles ne possèdent pas actuellement. Elles sont présentement désarmées et à la merci de quiconque demeure parmi elles avec des armes. Il n'y a aucun doute, par exemple, que si le Japon s'emparait présentement de l'Indochine, il profiterait de l'état d'impuissance et de passivité où il trouverait les Annamites. S'il les trouvait en possession de certaines libertés, il lui serait difficile de ne pas au moins les maintenir. Ainsi, du point de vue français, une telle politique est nécessaire ; du point de vue humain – qui, soit dit en passant, est naturellement le mien – quelles que puissent en être les conséquences pour la France, elle serait heureuse. Ceux qui sont habitués à tout considérer sous la double catégorie « révolutionnaire » et « réformiste » – la première épithète, dans ce système manichéen, désignant le bien et la seconde le mal – trouveront sans doute qu'une telle solution du problème colonial est atteinte de la tare indélébile du réformisme. Pour moi, sans hésitation, je la juge infiniment préférable, si elle se réalise, à une émancipation qui résulterait d'un soulèvement victorieux. Car elle permettrait aux populations soumises aujourd'hui à tant d'intolérables contraintes d'accéder au moins à une liberté partielle sans être forcées de tomber dans un nationalisme forcené – à son tour impérialiste et conquérant –, dans une industrialisation à outrance fondée sur la misère indéfiniment prolongée des masses populaires, dans un militarisme aigu, dans une étatisation de toute la vie sociale analogue à celle des pays totalitaires. Telles seraient presque infailliblement les suites d'un soulèvement victorieux ; quant aux suites d'un soulèvement non victorieux, elles seraient trop atroces pour qu'on ait envie de les évoquer. L'autre voie, moins glorieuse sans doute, ne coûterait pas de sang ; et comme disait Lawrence d'Arabie, ceux qui ont pour objet la liberté désirent vivre pour en jouir plutôt que mourir pour elle.

Ce qui risque d'empêcher qu'une solution si désirable au problème colonial devienne une réalité, c'est l'ignorance où on est en France des données du problème. On ignore que la France n'est pas, aux yeux de la plupart de ses sujets, la nation démocratique, juste et généreuse qu'elle est aux yeux de tant de Français moyens et autres. On ignore que les Annamites, notamment, n'ont aucune raison de la préférer au Japon, et en fait, à ce qu'on entend dire de plusieurs côtés, ne la préfèrent pas. Ici le rôle des informations peut être très important. Tant que les informations concernant le régime colonial ne mettaient en cause que la générosité de la France, elles risquaient de tomber dans l'indifférence et surtout dans l'incrédulité générale. C'est effectivement ce qui s'est produit. Dès lors qu'il est question de sécurité, elles ont la chance d'être prises plus au sérieux. Si pénible et si humiliant qu'il soit de l'admettre, l'opinion d'un pays, sans aucune distinction de classes sociales, est beaucoup plus sensible à ce qui menace sa sécurité qu'à ce qui offense la justice.

# À propos de la question coloniale dans ses rapports avec le destin du peuple français[1]

Le problème d'une doctrine ou d'une foi pour l'inspiration du peuple français en France, dans sa résistance actuelle et dans la construction future, ne peut pas se séparer du problème de la colonisation. Une doctrine ne s'enferme pas à l'intérieur d'un territoire. Le même esprit s'exprime dans les relations d'un peuple avec ceux qui l'ont maîtrisé par la force, dans les relations intérieures d'un peuple avec lui-même, et dans ses relations avec ceux qui dépendent de lui.

Pour la politique intérieure de la France, personne n'a la folie de proclamer que la IIIe République, telle qu'elle était le 3 septembre 1939, va ressusciter de toutes pièces. On parle seulement d'un régime conforme aux traditions de la France, c'est-à-dire, principalement, à

1. Écrit à Londres pour les services de la *France Libre*.

l'inspiration qui a fait jouer à la France du Moyen Âge un si grand rôle en Europe, et à l'inspiration de la Révolution française. C'est d'ailleurs la même en gros, traduite du langage catholique en langage laïque.

Si vraiment ce critérium est valable pour la France, s'il est réel, il ne doit pas y en avoir un autre pour les colonies.

Cela suppose non un maintien, mais une suspension du *statu quo* jusqu'à ce que le problème colonial ait été repensé, ou plutôt pensé. Car il n'y a jamais eu en France de doctrine coloniale. Il ne pouvait pas y en avoir. Il y a eu des pratiques coloniales.

Pour penser ce problème, il y a trois tentations à surmonter. La première est le patriotisme, qui incline à préférer son pays à la justice, ou à admettre qu'il n'y a jamais lieu en aucun cas de choisir entre l'un et l'autre. S'il y a dans la patrie quelque chose de sacré, nous devons reconnaître qu'il y a des peuples que nous avons privés de leur patrie. S'il n'y a rien de tel, nous ne devons pas tenir compte de notre pays quand il se pose un problème de justice.

La seconde tentation, c'est le recours aux compétences. Les compétences, en cette matière, ce sont les coloniaux. Ils sont partie dans le problème. Même, si le problème était posé à fond, ils pourraient devenir accusés. Leur jugement n'est pas impartial. D'ailleurs, s'ils ont quitté la France pour les colonies, c'est dans beaucoup de cas que d'avance le système colonial les attirait. Une fois là-bas surtout, leur situation leur a fait subir une transformation. Le langage des indigènes même les plus révoltés est un document moins accablant pour la colonisation que celui de beaucoup de coloniaux.

Les indigènes qui viennent en France aiment bien mieux avoir affaire, toutes les fois qu'ils peuvent, à des Français de France qu'à des coloniaux. Cette compétence n'est pas appréciée par eux. Mais en fait on les renvoie toujours à des coloniaux. Le prestige des compétences est tel en France que lorsque des indigènes hasardent une plainte contre un acte d'oppression, souvent cette plainte, de bureau en bureau, retourne à celui même contre qui elle était portée, et il en tire vengeance. On a tendance à faire la même opération à une grande échelle.

Non seulement cette compétence est viciée, mais elle est très fragmentaire. Elle l'est souvent dans l'espace, en ce sens que beaucoup connaissent un coin de l'empire et généralisent. Elle l'est surtout dans le temps. Excepté au Maroc, où certains Français sont devenus réellement amoureux de la culture arabe – et ce milieu, soit dit en passant, commence à constituer une source de renouvellement pour la culture française –, les Français coloniaux ne sont généralement pas curieux de l'histoire des pays où ils se trouvent. Le seraient-ils que l'administration française ne fait rien pour rendre une telle étude possible.

Comment prétendre qu'on comprend si peu que ce soit à un peuple quand on oublie qu'il a un passé ? Nous, Français, ne cherchons-nous pas notre inspiration dans le passé de la France ? Croit-on qu'elle est seule à en avoir un ?

La troisième tentation est la tentation chrétienne. La colonisation constituant un milieu favorable pour les missions, les chrétiens sont tentés de l'aimer pour cette raison, même quand ils en reconnaissent les tares.

Mais, sans discuter la question – qui pourtant mériterait l'examen – de savoir si un hindou, un bouddhiste, un musulman ou un de ceux qu'on nomme païens n'a pas dans sa propre tradition un chemin vers la spiritualité que lui proposent les Églises chrétiennes, en tout cas le Christ n'a jamais dit que les bateaux de guerre doivent accompagner même de loin ceux qui annoncent la Bonne Nouvelle. Leur présence change le caractère du message. Le sang des martyrs peut difficilement conserver l'efficacité surnaturelle qu'on lui attribue quand il est vengé par les armes. On veut avoir plus d'atouts dans son jeu qu'il n'est permis à l'homme quand on veut avoir à la fois César et la Croix.

Les plus fervents des laïques, des francs-maçons, des athées, aiment la colonisation pour une raison diamétralement contraire, mais mieux fondée dans les faits. Ils l'aiment comme une extirpeuse de religions, ce qu'elle est effectivement ; le nombre des gens à qui elle fait perdre leur religion l'emporte de loin sur le nombre des gens à qui elle en apporte une nouvelle. Mais ceux qui comptent sur elle pour répandre ce qu'on appelle la foi laïque se trompent aussi. La colonisation française entraîne bien, d'une part une influence chrétienne, d'autre part une influence des idées de 1789. Mais les deux influences sont relativement faibles et passagères. Il ne peut pas en être autrement, étant donné le mode de propagation de ces influences, et la distance exagérée entre la théorie et la pratique. L'influence forte et durable est dans le sens de l'incrédulité, ou plus exactement du scepticisme.

Le plus grave est que, comme l'alcoolisme, la tuberculose et quelques autres maladies, le poison du scepticisme est bien plus virulent dans un terrain naguère indemne. Nous ne croyons malheureusement pas à grand-chose. Nous fabriquons à notre contact une espèce d'hommes qui ne croit à rien. Si cela continue, nous en subirons un jour le contrecoup, avec une brutalité dont le Japon nous donne seulement un avant-goût.

On ne peut pas dire que la colonisation fasse partie de la tradition française. C'est un processus qui s'est accompli en dehors de la vie du peuple français. L'expédition d'Algérie a été d'un côté une affaire de prestige dynastique ; de l'autre une mesure de police méditerranéenne ; comme il arrive souvent, la défense s'est transformée en conquête. Plus tard l'acquisition de la Tunisie et du Maroc ont été, comme disait un de ceux qui ont pris une grande part à la seconde, surtout un réflexe de paysan qui agrandit son lopin de terre. La conquête de l'Indochine a été une réaction de revanche contre l'humiliation de 1870. N'ayant pas su résister aux Allemands, nous sommes allés en compensation priver de sa patrie, en profitant de troubles passagers, un peuple de civilisation millénaire, paisible et bien organisé. Mais le gouvernement de Jules Ferry a accompli cet acte en abusant de ses pouvoirs et en bravant ouvertement l'opinion publique française ; d'autres parties de la conquête ont été exécutées par des officiers ambitieux et dilettantes qui désobéissaient aux ordres formels de leurs chefs.

Les îles d'Océanie ont été prises au hasard de la navigation, sur l'initiative de tel ou tel officier, et livrées à une poignée de gendarmes, de missionnaires et de commerçants, sans que le pays s'y soit jamais intéressé.

Ce n'est guère que la colonisation en Afrique noire qui a provoqué l'intérêt public. C'était aussi la plus justifiable, étant donné l'état de ce malheureux continent, dont on ignore presque entièrement quelle fut l'histoire, mais où les Blancs avaient en tout cas causé tous les ravages possibles depuis quatre siècles, avec leurs armes à feu et leur commerce d'esclaves. Cela n'empêche pas qu'il y ait un problème non résolu de l'Afrique noire.

On ne peut pas dire que le *statu quo* soit une réponse aux problèmes de l'Empire français. Et il y a une autre chose encore qu'on ne peut ni dire ni penser. C'est que ce problème concerne seulement le peuple français. Ce serait exactement aussi légitime que la prétention analogue de Hitler sur l'Europe centrale. Ce problème concerne, en dehors du peuple français, le monde entier, et avant tout les populations sujettes.

La force sur laquelle repose un empire colonial, c'est une flotte de guerre. La France a perdu presque toute la sienne. On ne peut pas dire qu'elle l'ait sacrifiée ; elle l'a perdue du fait de l'ennemi, qui s'en serait emparé si elle n'avait été détruite. Dès lors la France dépendra après la victoire, pour ses relations avec l'empire, des pays qui ont une flotte. Comment ces pays n'auraient-ils pas voix au chapitre dans tout grand problème concernant l'empire ? Si c'est la force qui décide, la France a perdu la sienne ; si c'est le droit, la France n'a jamais eu celui de disposer du destin de populations non françaises. En aucun sens, ni en droit ni en fait, on ne peut dire que les territoires habités par ces populations sont la propriété de la France.

La plus grande faute que pourrait commettre actuellement la France libre serait de vouloir, le cas échéant, maintenir cette prétention comme un absolu devant l'Amérique. Il ne peut rien y avoir de pire qu'une attitude radicalement opposée à la fois à l'idéal et à la réalité. Une attitude opposée à l'un des deux et conforme à l'autre a déjà de grands inconvénients ; mais l'autre les a tous.

Il faut regarder le problème colonial comme un problème nouveau. Deux idées essentielles peuvent y jeter quelque lumière.

La première idée, c'est que l'hitlérisme consiste dans l'application par l'Allemagne au continent européen, et plus généralement aux pays de race blanche, des méthodes de la conquête et de la domination coloniales. Les Tchèques les premiers ont signalé cette analogie quand, protestant contre le protectorat de Bohême, ils ont dit : « Aucun peuple européen n'a jamais été soumis à un tel régime. » Si on examine en détail les procédés des conquêtes coloniales, l'analogie avec les procédés hitlériens est évidente. On peut en trouver un exemple dans les lettres écrites par Lyautey de Madagascar. L'excès d'horreur qui depuis quelque temps semble distinguer la domination hitlérienne de toutes les autres s'explique peut-être par la crainte de la défaite. Il ne doit pas faire oublier l'analogie essentielle des procédés, d'ailleurs venus les uns et les autres du modèle romain.

Cette analogie fournit une réponse toute faite à tous les arguments en faveur du système colonial. Car tous ces arguments, les bons, les moins bons et les mauvais, sont employés par l'Allemagne, avec le même degré de légitimité, dans sa propagande concernant l'unification de l'Europe.

Le mal que l'Allemagne aurait fait à l'Europe si l'Angleterre n'avait pas empêché la victoire allemande, c'est le mal que fait la colonisation, c'est le déracinement. Elle aurait privé les pays conquis de leur passé. La perte du passé, c'est la chute dans la servitude coloniale.

Ce mal que l'Allemagne a vainement essayé de nous faire, nous l'avons fait à d'autres. Par notre faute, de petits Polynésiens récitent à l'école : « Nos ancêtres les Gaulois avaient les cheveux blonds, les yeux bleus... » Alain Gerbault a décrit dans des livres qui ont été très lus, mais n'ont eu aucune influence, comment nous faisons littéralement mourir de tristesse ces populations en leur interdisant leurs coutumes, leurs traditions, leurs fêtes, toute leur joie de vivre.

Par notre faute, les étudiants et les intellectuels annamites ne peuvent pas, sauf de rares exceptions, pénétrer dans la bibliothèque qui contient tous les documents relatifs à l'histoire de leur pays. L'idée qu'ils se font de leur patrie avant la conquête, ils la tiennent de leurs pères. Cette idée est, à tort ou à raison, celle d'un État paisible, sagement administré, où le surplus de riz était conservé dans des entrepôts pour être distribué en temps de famine, contrairement à la pratique plus récente d'exporter le riz du sud pendant que la famine ravage les populations du nord. La machine de l'État reposait entièrement sur les concours, auxquels toutes les classes sociales pouvaient prendre part. Il suffisait d'avoir étudié, et on le pouvait même sans fortune et dans un lointain village. Les concours avaient lieu tous les trois ans. Les candidats s'assemblaient dans une prairie, et pendant trois jours composaient un essai sur un thème donné, généralement tiré de la philosophie chinoise classique. Les concours avaient des degrés de difficulté différents, et on passait de degré en degré. Chaque concours fournissait le milieu dans lequel étaient choisis les fonctionnaires de la dignité correspondante, et au concours le plus élevé correspondait la dignité de Premier ministre ; l'empereur n'était pas libre de prendre un Premier ministre ailleurs. Il y avait un très haut degré de décentralisation dans l'administration et dans la culture ; il y en a des traces même maintenant dans certains villages du nord du Tonkin, où les paysans connaissent les caractères chinois et improvisent de la poésie au cours des grandes fêtes.

Ce tableau est peut-être embelli, mais il faut avouer qu'il correspond à l'impression que donnent certaines lettres de missionnaires au XVIIe siècle. En tout cas, quelle qu'y soit la part de légende, ce passé est le passé de ce peuple, et il ne saurait trouver d'inspiration ailleurs. Il en est déjà presque entièrement déraciné, mais non pas entièrement. Si, une fois les Japonais chassés, il retombe sous la domination européenne, le mal sera sans remède.

Quelque soulagement que doive probablement causer le départ des Japonais, une continuation de la domination française ne serait sans doute pas subie sans horreur, à cause des atrocités qui, d'après des témoignages concordants, ont été commises par les Français pour réprimer une rébellion au moment de l'accord franco-japonais. D'après l'un de ces témoignages, des villages auraient été anéantis par des bombardements aériens, et des milliers de personnes, accusées d'être les familles des rebelles, mises sur des pontons et coulées. Quoique ces atrocités, si elles sont exactes, aient été commises par les hommes de Vichy, la population annamite ne fera pas la distinction.

En privant les peuples de leur tradition, de leur passé, par suite de leur âme, la colonisation les réduit à l'état de matière humaine. Les populations des pays occupés ne sont pas autre chose aux yeux des Allemands. Mais on ne peut pas nier que la plupart des coloniaux n'aient la même attitude envers les indigènes. Le travail forcé a été extrêmement meurtrier dans l'Afrique noire française, et la méthode des déportations massives y a été pratiquée pour peupler la boucle du Niger. En Indochine, le travail forcé existe dans les plantations sous des déguisements transparents ; les fuyards sont ramenés par la police et parfois, comme châtiment, exposés aux fourmis rouges ; un Français, ingénieur dans une de ces plantations, disait au sujet des coups qui y sont la punition la plus ordinaire : « Même si on se place du point de vue de la bonté, c'est le meilleur procédé, car, comme ils sont à l'extrême limite de la fatigue et de la faim, toute autre punition serait plus cruelle. » Un Cambodgien, domestique d'un gendarme français, disait : « Je voudrais être le chien du gendarme ; on lui donne à manger et il n'est pas battu. »

Dans notre lutte contre l'Allemagne, nous pouvons avoir deux attitudes. Quelle que soit la nécessité de l'union, il faut absolument choisir, rendre le choix public et l'exprimer dans les actes. Nous pouvons regretter que l'Allemagne ait accompli ce que nous aurions désiré voir accomplir par la France. C'est ainsi que quelques jeunes Français disent qu'ils sont derrière le général de Gaulle pour les mêmes motifs qui les rangeraient derrière Hitler s'ils étaient Allemands. Ou bien nous pouvons avoir horreur non de la personne ou de la nationalité, mais de l'esprit, des méthodes, des ambitions de l'ennemi. Nous ne pouvons guère faire que le second choix. Autrement il est inutile de parler de la Révolution française ou du christianisme. Si nous faisons ce choix, il faut le montrer par toutes nos attitudes.

Lutter contre les Allemands, ce n'est pas une preuve suffisante que nous aimons la liberté. Car les Allemands ne nous ont pas seulement enlevé notre liberté. Ils nous ont enlevé aussi notre puissance, notre prestige, notre tabac, notre vin et notre pain. Des mobiles mélangés soutiennent notre lutte. La preuve décisive serait de favoriser tout arrangement assurant une liberté au moins partielle à ceux à qui nous l'avons enlevée. Nous pourrions ainsi persuader non seulement aux autres, mais à nous-mêmes, que nous sommes vraiment inspirés par un idéal.

L'analogie entre l'hitlérisme et l'expansion coloniale, en nous dictant du point de vue moral l'attitude à prendre, fournit aussi la solution pratique la moins mauvaise. L'expérience des dernières années montre qu'une Europe formée de nations grandes et petites, toutes souveraines, est impossible. La nationalité est un phénomène indécis sur une grande partie du territoire européen. Même dans un pays comme la France, l'unité nationale a subi un choc assez rude ; Bretons, Lorrains, Parisiens, Provençaux ont une conscience bien plus aiguë qu'avant la guerre d'être différents les uns des autres. Malgré plusieurs inconvénients, cela est loin d'être un mal. En Allemagne, les vainqueurs s'efforceront d'affaiblir le plus possible le sentiment d'unité nationale. Très probablement une partie de la vie sociale en Europe sera morcelée à une échelle beaucoup plus petite que l'échelle nationale ; une autre partie sera unifiée à une échelle beaucoup plus grande ; la nation ne sera qu'un des cadres de la vie collective, au lieu d'être pratiquement tout, comme au cours des vingt dernières années. Pour les pays faibles, mais à longue tradition accompagnée d'une conscience aiguë, comme la Bohême, la Hollande, les pays scandinaves, il sera nécessaire d'élaborer un système d'indépendance combinée avec une protection militaire extérieure. Ce système peut être appliqué tel quel sur d'autres continents. Il va de soi qu'en ce cas l'Indochine serait, comme elle a toujours été, dans l'orbite de la Chine. La partie arabe de l'Afrique pourrait retrouver une vie propre sans perdre toute espèce de lien avec la France. Quant à l'Afrique noire, il semble raisonnable que pour les problèmes d'ensemble elle dépende tout entière de l'Europe tout entière, et que pour tout le reste elle reprenne une vie heureuse village par village.

La seconde idée qui peut éclairer le problème colonial, c'est que l'Europe est située comme une sorte de moyenne proportionnelle entre l'Amérique et l'Orient. Nous savons très bien qu'après la guerre l'américanisation de l'Europe est un danger très grave, et nous savons très bien ce que nous perdrions si elle se produisait. Or ce que nous perdrions, c'est la partie de nous-mêmes qui est toute proche de l'Orient.

Nous regardons les Orientaux, bien à tort, comme des primitifs et des sauvages, et nous le leur disons. Les Orientaux nous regardent, non sans quelques motifs, comme des barbares, mais ne le disent pas. De même nous avons tendance à regarder l'Amérique comme n'ayant pas une vraie civilisation, et les Américains à croire que nous sommes des primitifs.

Si un Américain, un Anglais et un Hindou sont ensemble, les deux premiers ont en commun ce que nous nommons la culture occidentale, c'est-à-dire une certaine participation à une atmosphère intellectuelle composée par la science, la technique et les principes démocratiques. À tout cela l'Hindou est étranger. En revanche l'Anglais et lui ont en commun quelque chose dont l'Américain est absolument privé. Ce quelque chose, c'est un passé. Leurs passés sont différents, certes. Mais beaucoup moins qu'on ne le croit. Le passé de l'Angleterre, c'est le christianisme, et auparavant un système de croyances probablement proche de l'hellénisme. La pensée hindoue est très proche de l'un et de l'autre.

Nous autres Européens en lutte contre l'Allemagne, nous parlons beaucoup aujourd'hui de notre passé. C'est que nous avons l'angoisse de le perdre. L'Allemagne a voulu nous l'arracher ; l'influence américaine le menace. Nous n'y tenons plus que par quelques fils. Nous ne voulons pas que ces fils soient coupés. Nous voulons nous y réenraciner. Or ce dont nous avons trop peu conscience, c'est que notre passé nous vient en grande partie d'Orient.

C'est devenu un lieu commun de dire que notre civilisation, étant d'origine gréco-latine, s'oppose à l'Orient. Comme beaucoup de lieux communs, c'est là une erreur. Le terme gréco-latin ne veut rien dire de précis. L'origine de notre civilisation est grecque. Nous n'avons reçu des Latins que la notion d'État, et l'usage que nous en faisons donne à penser que c'est un mauvais héritage. On dit qu'ils ont inventé l'esprit juridique ; mais la seule chose certaine là-dessus, c'est que leur système juridique est le seul qui se soit conservé. Depuis qu'on connaît un code babylonien vieux de quatre mille ans, on ne peut plus croire qu'ils aient eu un monopole. Dans tout autre domaine, leur apport créateur a été nul.

Quant aux Grecs, source authentique de notre culture, ils avaient reçu ce qu'ils nous ont transmis. Jusqu'à ce que l'orgueil des succès militaires les ait rendus impérialistes, ils l'ont avoué ouvertement. Hérodote est on ne peut plus clair à ce sujet. Il y avait, avant les temps historiques, une civilisation méditerranéenne dont l'inspiration venait avant tout d'Égypte, en second lieu des Phéniciens. Les Hellènes sont arrivés sur les bords de la Méditerranée comme une population de conquérants nomades presque sans culture propre. Ils ont imposé leur langue, mais reçu la culture du pays conquis. La culture grecque a été le fait soit de cette assimilation des Hellènes, soit de la persistance des populations antérieures, non helléniques. La guerre de Troie a été une guerre où l'un des deux camps représentait la civilisation, et ce camp, c'était Troie. On sent par l'accent de l'*Iliade* que le poète le savait. La Grèce dans son ensemble a toujours eu envers l'Égypte une attitude de respect filial.

L'origine orientale du christianisme est évidente. Qu'on ait à l'égard du christianisme une attitude croyante ou agnostique, dans les deux cas il est certain que comme fait historique il a été préparé par les siècles antérieurs. En dehors de la Judée, qui est un pays d'Orient, les courants de pensée qui y ont contribué venaient d'Égypte, de Perse, peut-être de l'Inde, et surtout de Grèce, mais de la partie de la pensée grecque directement inspirée par l'Égypte et la Phénicie.

Quant au Moyen Âge, les moments brillants du Moyen Âge ont été ceux où la culture orientale est venue de nouveau féconder l'Europe, par l'intermédiaire des Arabes et aussi par d'autres voies mystérieuses, puisqu'il y a eu des infiltrations de traditions persanes. La Renaissance aussi a été en partie causée par le stimulant des contacts avec Byzance.

À d'autres moments de l'histoire, certaines influences orientales ont pu être des facteurs de décomposition. C'était le cas à Rome ; c'est le cas de nos jours. Mais, dans les deux cas, il s'agit d'un pseudo-orientalisme fabriqué par et pour des snobs, et non pas de contact avec les civilisations d'Orient authentiques.

En résumé, il semble que l'Europe ait périodiquement besoin de contacts réels avec l'Orient pour rester spirituellement vivante. Il est exact qu'il y a en Europe quelque chose qui s'oppose à l'esprit d'Orient, quelque chose de spécifiquement occidental. Mais ce quelque chose se trouve à l'état pur et à la puissance deux en Amérique et menace de nous dévorer.

La civilisation européenne est une combinaison de l'esprit d'Orient avec son contraire, combinaison dans laquelle l'esprit d'Orient doit entrer dans une proportion assez considérable. Cette proportion est loin d'être réalisée aujourd'hui. Nous avons besoin d'une injection d'esprit oriental.

L'Europe n'a peut-être pas d'autre moyen d'éviter d'être décomposée par l'influence américaine qu'un contact nouveau, véritable, profond avec l'Orient. Actuellement, si on met ensemble un Américain, un Anglais et un Hindou, l'Américain et l'Anglais fraterniseront extérieurement, tout en se regardant chacun comme très supérieur à l'autre, et laisseront l'Hindou seul. L'apparition progressive d'une atmosphère où les réflexes soient différents est peut-être spirituellement une question de vie ou de mort pour l'Europe.

Or la colonisation, loin d'être l'occasion de contacts avec des civilisations orientales, comme ce fut le cas pour les Croisades, empêche de tels contacts. Le milieu très restreint et très intéressant des arabisants français est peut-être la seule exception. Pour des Anglais vivant en Inde, pour les Français vivant en Indochine, le milieu humain est constitué par les Blancs. Les indigènes font partie du décor.

Encore les Anglais ont-ils une position cohérente. Ils font des affaires et c'est tout. Les Français, qu'ils le veuillent ou non, transportent partout les principes de 1789. Dès lors il ne peut arriver que deux choses. Ou les indigènes se sentent choqués dans leur attachement à leur propre tradition par cet apport étranger. Ou ils adoptent sincèrement ces principes et sont révoltés de n'en pas avoir le bénéfice. Si étrange que cela puisse paraître, ces deux réactions hostiles existent souvent chez les mêmes individus.

Il en serait tout autrement si les contacts des Européens avec l'Asie, l'Afrique, l'Océanie, se faisaient sur la base des échanges de culture. Nous avons senti ces dernières années jusqu'au fond de l'âme que la civilisation occidentale moderne, y compris notre conception de la démocratie, est insuffisante. L'Europe souffre de plusieurs maladies tellement graves qu'on ose à peine y penser. L'une est la poussée toujours croissante des campagnes vers les villes et des métiers manuels vers les occupations non manuelles, qui menace la base physique de l'existence sociale. Une autre est le chômage. Une autre est la destruction volontaire de produits de première nécessité, comme le blé. Une autre est l'agitation perpétuelle et le besoin constant de distractions. Une autre est la maladie périodique de la guerre totale. À tout cela s'ajoute aujourd'hui l'accoutumance croissante à une cruauté à la fois massive et raffinée, au maniement le plus brutal de la matière humaine. Avec tout cela, nous ne pouvons plus ni dire ni penser que nous ayons reçu d'en haut la mission d'apprendre à vivre à l'univers.

Malgré tout cela, nous avons sans doute certaines leçons à donner. Mais nous en avons beaucoup à recevoir de formes de vie qui, si imparfaites soient-elles, portent en tout cas dans leur passé millénaire la preuve de leur stabilité. On les accuse d'être immobiles. En réalité elles sont probablement toutes depuis longtemps décadentes. Mais elles tombent lentement.

Le malheur a suscité en nous, Français, une aspiration très vive vers notre propre passé. Ceux qui parlent de la tradition républicaine de la France ne pensent pas à la IIIe République, mais à 1789 et aux mouvements sociaux du début du siècle dernier. Ceux qui parlent de sa tradition chrétienne ne pensent pas à la monarchie, mais au Moyen Âge. Beaucoup parlent des deux, et le peuvent sans aucune contradiction. Ce passé est nôtre ; mais il a l'inconvénient d'être passé. Il est absent. Les civilisations millénaires d'Orient, malgré de très grandes différences, sont beaucoup plus proches de notre Moyen Âge que nous ne le sommes nous-mêmes. En nous réchauffant au double rayonnement de notre passé et des choses présentes qui en constituent une image transposée, nous pouvons trouver la force de nous préparer un avenir.

Il y va du destin de l'espèce humaine. Car de même que l'hitlérisation de l'Europe préparerait sans doute l'hitlérisation du globe terrestre – accomplie soit par les Allemands, soit par leurs imitateurs japonais – de même une américanisation de l'Europe préparerait sans doute une américanisation du globe terrestre. Le second mal est moindre que le premier, mais il vient immédiatement après. Dans les deux cas, l'humanité entière perdrait son passé. Or le passé est une chose qui, une fois tout à fait perdue, ne se retrouve jamais plus. L'homme par ses efforts fait en partie son propre avenir, mais il ne peut pas se fabriquer un passé. Il ne peut que le conserver.

Les encyclopédistes croyaient que l'humanité n'a aucun intérêt à conserver son passé. Instruits par une expérience cruelle, nous sommes en train de revenir de cette croyance. Mais nous ne posons pas la question en termes assez clairs pour la trancher nettement.

Le fond de la question est simple. Si les facultés purement humaines de l'homme suffisent, il n'y a aucun inconvénient à faire table rase de tout le passé et à compter sur les ressources de la volonté et de l'intelligence pour vaincre toute espèce d'obstacle. C'est ce qu'on a cru, et c'est ce qu'au fond personne ne croit plus, excepté les Américains, parce qu'ils n'ont pas encore été étourdis par le choc du malheur.

Si l'homme a besoin d'un secours extérieur, et si l'on admet que ce secours est d'ordre spirituel, le passé est indispensable, parce qu'il est le dépôt de tous les trésors spirituels. Sans doute l'opération de la grâce, à la limite, met l'homme en contact direct avec un autre monde. Mais le rayonnement des trésors spirituels du passé peut seul mettre une âme dans l'état qui est la condition nécessaire pour que la grâce soit reçue. C'est pourquoi il n'y a pas de religion sans tradition religieuse, et cela est vrai même lorsqu'une religion nouvelle vient d'apparaître.

La perte du passé équivaut à la perte du surnaturel. Quoique ni l'une ni l'autre perte ne soit encore consommée en Europe, l'une et l'autre sont assez avancées pour que nous puissions constater expérimentalement cette correspondance.

Les Américains n'ont d'autre passé que le nôtre ; ils y tiennent, à travers nous, par des fils extrêmement ténus. Même malgré eux, leur influence va nous envahir et, si elle ne rencontre pas d'obstacle suffisant, leur ôtera leur peu de passé, si l'on peut s'exprimer ainsi, en même temps qu'elle nous privera du nôtre. De l'autre côté, l'Orient s'est accroché obstinément à son passé jusqu'à ce que notre influence, moitié par le prestige de l'argent, moitié par celui des armes, soit venue le déraciner à moitié. Mais il ne l'est encore qu'à moitié. Pourtant l'exemple des Japonais montre que quand des Orientaux se décident à adopter nos tares, en les ajoutant aux leurs propres, ils les portent à la puissance deux.

Nous, Européens, nous sommes au milieu. Nous sommes le pivot. Le destin du genre humain tout entier dépend sans doute de nous, pour un espace de temps probablement très bref. Si nous laissons échapper l'occasion, nous sombrerons probablement bientôt non seulement dans l'impuissance, mais dans le néant. Si, tout en gardant le regard tourné vers l'avenir, nous essayons de rentrer en communication avec notre propre passé millénaire ; si dans cet effort nous cherchons un stimulant dans une amitié réelle, fondée sur le respect, avec tout ce qui en Orient est encore enraciné, nous pourrions peut-être préserver d'un anéantissement presque total le passé, et en même temps la vocation spirituelle du genre humain.

L'aventure du père de Foucauld, ramené à la piété, et par suite au Christ, par une espèce d'émulation devant le spectacle de la piété arabe, serait ainsi comme un symbole de notre prochaine renaissance.

Pour cela, il faut que les populations dites de couleur, même si elles sont primitives, cessent d'être des populations sujettes. Mais du point de vue esquissé ici, faire avec elles des nations à l'européenne, démocratiques ou non, ne vaudrait pas mieux ; ce serait d'ailleurs une folie, aussi bien dans les cas où c'est possible que dans ceux où c'est impossible. Il n'y a que trop de nations dans le monde.

Il n'y a qu'une seule solution, c'est de trouver pour le mot de protection une signification qui ne soit pas un mensonge. Jusqu'ici ce mot n'a été employé que pour mentir. S'il est trop discrédité, on peut lui chercher un synonyme. L'essentiel est de trouver une combinaison par laquelle des populations non constituées en nations, et se trouvant à certains égards dans la dépendance de certains États organisés, soient suffisamment indépendantes à d'autres égards pour pouvoir se sentir libres. Car la liberté, comme le bonheur, se définit avant tout par le sentiment qu'on la possède. Ce sentiment ne peut être ni suggéré par la propagande ni imposé par l'autorité. On peut seulement, et très facilement, forcer les gens à l'exprimer sans l'éprouver. C'est ce qui rend la discrimination très difficile. Le critérium est une certaine intensité de vie morale qui est toujours liée à la liberté.

Il y a deux facteurs favorables pour la solution de ce problème. Le premier, c'est qu'il se posera aussi pour les populations faibles d'Europe. Cela peut faire espérer qu'il sera étudié davantage. Ce qu'on peut poser en principe dès maintenant, c'est que, par exemple, la patrie annamite et la patrie tchèque ou norvégienne méritent le même degré de respect.

L'autre facteur favorable, c'est que l'Amérique, n'ayant pas de colonies, et par suite pas de préjugés coloniaux, et appliquant naïvement ses critères démocratiques à tout ce qui ne la regarde pas elle-même, considère le système colonial sans sympathie. Elle est sans doute sur le point de secouer sérieusement l'Europe engourdie dans sa routine. Or en prenant le parti des populations soumises par nous, elle nous fournit, sans le comprendre, le meilleur secours pour résister dans l'avenir prochain à sa propre influence. Elle ne le comprend pas ; mais ce qui serait désastreux, ce serait que nous ne le comprenions pas non plus.

Tant que la guerre dure, tous les territoires du monde sont avant tout des terrains stratégiques et doivent être traités comme tels. Cela implique la double obligation de ne rien dire qui cause des bouleversements immédiats, et de ne pas non plus ôter toute espérance de changement à des millions d'êtres malheureux que le malheur peut jeter du côté de l'ennemi. C'est d'ailleurs ce double souci qui décide aussi de notre orientation à l'égard des problèmes sociaux en France.

Mais en mettant à part toute considération stratégique, du point de vue politique il serait désastreux de prendre publiquement une position qui cristallise le *statu quo ante*. Peut-être la défiance des Américains à notre égard, quand elle ne procède pas de mauvais motifs, vient-elle de cette crainte légitime d'une cristallisation qui, en empêchant les problèmes urgents de se poser, ôte tout espoir de les résoudre, jusqu'au moment où une nouvelle catastrophe mondiale les ouvrirait à nouveau.

En matière politique et sociale, notre position officielle consiste à être disponibles pour tout ce qui sera juste, possible et conforme à la volonté du peuple français. Cette position ne peut être tenue que si elle vaut pour tous les problèmes sans exception, avec cette différence que dans tous les problèmes concernant les relations avec des populations non françaises, quelles qu'elles soient, la volonté du peuple français doit être composée, en un compromis qui fasse équilibre, avec la volonté de ces populations et celle des grandes nations qui, après avoir remporté la victoire, auront plus ou moins la responsabilité de l'ordre dans le monde.

Jusqu'à une date récente, la France a été une grande nation. Elle ne l'est pas en ce moment.

Elle le redeviendra rapidement si elle est capable de faire rapidement le nécessaire à cet effet. Il est naturel que nous en ayons tous l'espérance. Mais elle ne l'est pas de droit divin. Il n'y a pas plus de hiérarchie de droit divin en matière internationale qu'en matière politique. La reconnaissance de cette vérité est compatible avec le patriotisme le plus intense.

La grandeur passée de la France est venue surtout de son rayonnement spirituel et de l'aptitude qu'elle semblait posséder à ouvrir des routes au genre humain.

Peut-être peut-elle retrouver quelque chose de cela, même avant d'avoir récupéré aucune puissance, même avant la libération du territoire. Prostrée, étendue à terre, encore à demi assommée, peut-être peut-elle quand même essayer de commencer de nouveau à penser le destin du monde. Non pas en décider, car elle n'a aucune autorité pour cela. Le penser, ce qui est tout à fait différent.

Ce serait peut-être là le meilleur stimulant, le meilleur chemin pour retrouver le respect de soi-même.

La première condition, c'est de se garder absolument de rien cristalliser d'avance en aucun domaine.

# Table

pca
cmb
édition pré-presse
livres numériques

44400 Rezé

Imprimé par CPI (Barcelona)
en janvier 2018
*Imprimé en Espagne*